La recherche interdisciplinaire sous la loupe

Frédéric Darbellay,
Ayuko Sedooka & Theres Paulsen

La recherche interdisciplinaire sous la loupe

Paroles de chercheurs

PETER LANG
Bern · Berlin · Bruxelles · Frankfurt am Main · New York · Oxford · Wien

Bibliographic information published by die Deutsche Nationalbibliothek
Die Deutsche Nationalbibliothek lists this publication in the Deutsche Nationalbibliografie; detailed bibliographic data is available on the Internet at ‹http://dnb.d-nb.de›.

Composition et mise en page :
Theres Paulsen. Akademien der Wissenschaften Schweiz

Couverture: iStockphoto/whyframestudio

ISBN 978-3-0343-1586-9 pb.
ISBN 978-3-0343-2380-2 MOBI
ISBN 978-3-0352-0277-9 eBook
ISBN 978-3-0343-2379-6 EPUB

Hochfeldstrasse 32, CH-3012 Bern, Switzerland
info@peterlang.com, www.peterlang.com

Printed in Switzerland

Table des matières

Chapitre 4

La recherche interdisciplinaire : théorie et méthodologie

Chapitre 5

La collaboration interdisciplinaire

Chapitre 6

Publication et évaluation de la recherche interdisciplinaire

Table des figures

Table des tableaux

Remerciements

Rien ne naît *ex nihilo*, toute création est le résultat d'inspirations, d'emprunts et d'échanges individuels et collaboratifs. Dans cet esprit de reconnaissance des multiples contributions ayant conduit à l'aboutissement de notre projet, nous tenons en premier lieu à remercier l'ensemble des chercheurs qui se sont prêtés avec confiance au jeu de l'enquête, en faisant part de leurs expériences de recherche interdisciplinaire. Leurs propos, leurs réflexions et leurs témoignages ont fourni des données riches et pertinentes pour quiconque s'intéresse à la vie des savoirs au sein de et au-delà des disciplines. Ces paroles de chercheurs constituent le noyau dur du présent ouvrage, elles se déploient en polyphonie tout au long du texte. Pour des raisons évidentes de confidentialité, cette première reconnaissance est anonymisée. Nos remerciements vont également au Fonds national suisse de la recherche scientifique (FNS) et à ses responsables qui ont, via le Comité spécialisé en recherche interdisciplinaire (CoSP-ID), soutenu le projet de recherche « *Analyzing Interdisciplinary Research: From Theory to Practice. Case Studies in the Swiss University Context* » dont nous présentons ici les principaux résultats. Ce soutien accordé à l'interdisciplinarité considérée comme une thématique de recherche à part entière doit être salué, dans la mesure où il contribue à une importante réflexion sur le présent et le futur de la recherche scientifique placée sous l'égide de l'innovation et de la créativité entre les disciplines. Que soient également salués tous les acteurs et toutes les institutions qui se sont reconnus dans ce travail de recherche sur l'interdisciplinarité, qui l'ont encouragé, soutenu et valorisé. Notre reconnaissance va aussi aux Éditions Scientifiques Internationales Peter Lang qui ont non seulement accompagné le processus éditorial mais qui ont su accueillir avec enthousiasme le projet de cet ouvrage qui transgresse les catégories des catalogues disciplinaires ou thématiques. Plus personnellement enfin, nous adressons nos chaleureux remerciements à nos collègues pour leur soutien et engagement en faveur du projet, respectivement *Pasqualina Perrig-Chiello*, *Anne-Claude Berthoud* et *François Höpflinger* en qualité de co-requérants auprès du FNS, ainsi que *Gabriela Steffen*, collaboratrice scientifique engagée au sein du groupe de recherche.

Frédéric Darbellay, Ayuko Sedooka, Theres Paulsen

Introduction

Les théories et les pratiques de recherche interdisciplinaire connaissent un véritable essor dans les systèmes d'éducation supérieure aux niveaux suisse, européen et international. L'interdisciplinarité est en effet devenue une préoccupation importante des instances académiques et de la communauté scientifique dans son ensemble. La prise de conscience de la complexité des problèmes humains, sociaux, politiques et environnementaux appelle un décloisonnement des savoirs disciplinaires encore souvent tenus dans des rapports d'incommunicabilité réciproque, sous la pression toujours réelle de l'organisation hiérarchique et disciplinaire des Universités. Dans ce contexte, il importe désormais de mobiliser les compétences disciplinaires pour les fédérer et les intégrer dans un processus de dialogue co-constructif, afin de comprendre, analyser et résoudre les problèmes complexes de notre temps. La mise en œuvre de ce type d'approche répond clairement à un besoin interne à la communauté des enseignants et des chercheurs qui doivent résoudre au quotidien des questions théoriques et pratiques très complexes et irréductibles à l'analyse d'un seul point de vue disciplinaire.

Capitalisant sur les études qui portent sur les enjeux institutionnels, épistémologiques et méthodologiques de l'interdisciplinarité, cet ouvrage a pour objectif prioritaire d'apporter une contribution originale et empirique aux réflexions en cours, en se confrontant à différentes pratiques de recherche interdisciplinaire situées dans divers contextes institutionnels. Cet ouvrage présente le cadre, la démarche, la méthode et les résultats d'un projet mené sur les pratiques de recherche interdisciplinaire dans le contexte universitaire suisse (*Analyzing Interdisciplinary Research: From Theory to Practice. Case Studies in the Swiss University Context*).[1] Nous nous intéressons en particulier à la manière dont l'interdisciplinarité est mise en œuvre par les chercheurs[2] dans des

1 Le projet a été financé par le Fonds National Suisse (Requête n° CR11I1_143816), pendant deux ans (2014-2015). Il a été dirigé par F. Darbellay (requérant principal), P. Perrig-Chiello, A.-C. Berthoud et F. Höpflinger (Co-requérants) et mené par l'équipe de recherche composée de F. Darbellay, A. Sedooka, T. Paulsen et G. Steffen.

2 Le genre masculin est utilisé dans un sens générique et il désigne aussi bien les hommes que les femmes sans discrimination aucune

contextes académiques spécifiques et compte tenu des configurations pluridisciplinaires mises en coprésence, que ce soit dans le champ des sciences humaines et sociales ou dans celui des sciences naturelles, de la vie et de la technique, voire à l'interface entre ces domaines du savoir.

Comment les chercheurs qui prétendent pratiquer l'interdisciplinarité définissent-ils cette approche sur les plans théorique et pratique, comment se l'approprient-ils et quelles en sont pour eux les modalités opératoires ? Quelles sont les motivations, les potentialités mais aussi les obstacles qui se dressent face au développement effectif de l'interdisciplinarité ? Quelles sont les conditions de réussite et inversement les échecs de l'interdisciplinarité ? Comment les chercheurs se situent-ils dans leurs contextes institutionnels d'appartenance ? Ce contexte est-il favorable ou pénalisant pour le développement de recherches interdisciplinaires ? Ces questions qui allient le *qui* (quels chercheurs) pratiquent l'interdisciplinarité dans *quel contexte* académique, le *pourquoi* elle est pratiquée et le *comment* elle est implémentée sont au cœur de ce livre. Celui-ci entend répondre au besoin de compréhension de la communauté scientifique par rapport aux enjeux de l'interdisciplinarité et dans la mesure du possible de dégager les conditions cadres de bonnes pratiques.

Une place importante est donnée ici à la parole des chercheurs qui ont été invités à s'engager dans une démarche réflexive sur leurs représentations, leurs pratiques et leurs vécus du travail interdisciplinaire. Les six chapitres qui suivent offrent ainsi la lecture d'un parcours de recherche richement étayé par les discours et les témoignages des chercheurs qui renforcent, nuancent ou contrastent les données quantitatives et documentaires. Le premier chapitre présente le cadrage théorique et analytique, l'approche par cas multiples, le périmètre et l'échantillon de notre étude, ainsi que le dispositif méthodologique mixte qui a été élaboré afin de décrypter au plus près les pratiques de recherche interdisciplinaire. Les chapitres suivants déploient les cinq dimensions d'analyse qui ont été retenues (voir Fig. 1.1), à savoir : – le rôle du contexte institutionnel dans lequel s'exerce la recherche interdisciplinaire avec plus ou moins de contraintes ou de facilitations (Chapitre 2); – les motivations qui guident les chercheurs dans leurs investigations entre et au-delà des frontières disciplinaires et qui configurent leurs trajectoires académiques et questionnent leurs identités académiques (Chapitre 3); – les enjeux théoriques et méthodologiques qui se posent spécifiquement dans le processus de recherche interdisciplinaire (Chapitre 4); – les outils, les dynamiques et les jeux complexes de la collaboration interdisciplinaire (Chapitre 5); – et enfin pour conclure ce cycle thématique, les enjeux de la publication et de l'évaluation de la recherche interdisciplinaire (Chapitre 6). Chaque chapitre se clôt par un rappel des points forts qui émergent de l'analyse.

Chapitre 1

Analyser la recherche interdisciplinaire

1.1 Dimensions d'analyse : complémentarité et interdépendance

La recherche interdisciplinaire est envisagée comme une problématique complexe qui implique de manière complémentaire et interdépendante les dimensions sélectionnées pour les besoins de l'analyse (voir Fig. 1.1). Ces dimensions sont étudiées de manière plus ou moins combinée dans les travaux sur l'interdisciplinarité (voir notamment Darbellay & Paulsen, 2008; Frodeman, Thompson Klein, Mitcham, 2010; Hirsch Hadorn *et al.*, 2008). La description, l'analyse et la compréhension des pratiques de recherche interdisciplinaire prennent sens dans l'articulation entre ces dimensions, pensées dans leurs relations systémiques de co-déterminations et de co-évolutions. Le contexte institutionnel (I) peut ainsi, selon les cas, permettre des formes plus ou moins fortes de collaboration entre les chercheurs issus de différentes disciplines (IV) ou, inversement, de nouvelles collaborations entre disciplines au sein de l'institution sont susceptibles de faire évoluer l'organisation académique dominante vers un fonctionnement plus ouvert. Dans le même esprit, des options épistémologiques et les choix méthodologiques qui en découlent (III) sont plus ou moins encouragés et valorisés dans et par l'institution (I), ils sont soit portés soit contrés par les formes de collaboration plus ou moins efficaces qui s'établissent entre les chercheurs (IV). Avec cette même idée d'influence réciproque, les enjeux liés à l'évaluation de la recherche (V) peuvent orienter plus ou moins explicitement les motivations des chercheurs à s'engager dans la recherche interdisciplinaire et à positionner leurs trajectoires académiques et se situer en terme d'identité disciplinaire ou interdisciplinaire (II). Le processus de recherche interdisciplinaire est alors véritablement co-construit dans et par l'interaction constante entre ces dimensions constitutives et il est irréductible à une seule d'entre elles, comme l'illustre la mise en cycle dynamique de la figure 1.1.

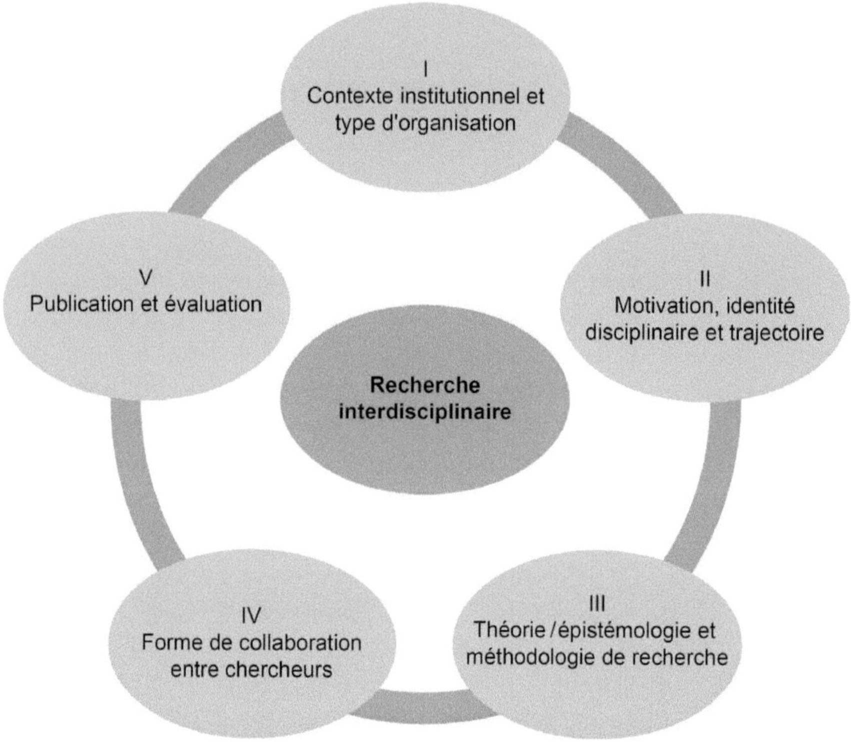

Figure 1.1 La recherche interdisciplinaire en cinq dimensions

Reprenons ci-après chacune de ces dimensions d'analyse en les définissant brièvement et en formulant les questions exploratoires qui les sous-tendent.

I Contexte institutionnel et type d'organisation
Le contexte institutionnel dans lequel les chercheurs s'insèrent et les types ou modes d'organisation académique qui cadrent leurs activités.

Questions : Comment les pratiques de recherche interdisciplinaire se situent-elles dans leur contexte institutionnel d'insertion et quelles sont leurs modalités organisationnelles ? Quelles sont les représentations et les perceptions des chercheurs envers la mission interdisciplinaire de leur institution d'appartenance ? Quelles sont les conditions-cadres institutionnelles – favorisantes ou défavorisantes – qui accompagnent les pratiques de recherche interdisciplinaire ?

II Motivation, identité disciplinaire et trajectoire

La motivation personnelle, l'identité disciplinaire et la trajectoire académique des chercheurs qui travaillent dans l'interdisciplinarité.

Questions : Quelles sont les principales motivations à s'engager dans une recherche interdisciplinaire ? Comment l'ancrage disciplinaire des chercheurs est-il maintenu ou rejoué dans les pratiques de recherche interdisciplinaire ? Comment les chercheurs construisent-ils leur(s) identité(s) disciplinaire(s) et/ou interdisciplinaire(s) ? Comment ces identités plurielles évoluent-elles durant leurs parcours académique et professionnel ?

III Théorie/épistémologie et méthodologie de recherche

Les choix théoriques et les postures épistémologiques à partir desquels les chercheurs pensent et co-construisent leurs objets d'étude dans une perspective interdisciplinaire. Les choix méthodologiques opérés par les chercheurs pour implémenter l'interdisciplinarité dans leur processus de recherche.

Questions : Comment les chercheurs définissent-ils leur travail interdisciplinaire sur le plan théorique ? Quelles postures épistémologiques président aux choix méthodologiques dans le processus de recherche interdisciplinaire ? Quels sont les outils méthodologiques mobilisés et en quoi permettent-ils le travail interdisciplinaire ?

IV Forme de collaboration entre chercheurs

Les formes et les modalités de collaboration et de communication que les chercheurs actionnent pour permettre la co-construction des connaissances entre plusieurs disciplines.

Questions : Quels sont les formes, moyens et pratiques favorisant la collaboration interdisciplinaire ? Comment et dans/par quels dispositifs communicationnels les chercheurs de différentes disciplines collaborent-ils dans le processus d'élaboration et de production interdisciplinaire ? Quels sont les avantages/désavantages liés à la collaboration entre les disciplines ? Quels sont les pratiques langagières et les enjeux du plurilinguisme dans la collaboration interdisciplinaire ?

V Publication et évaluation

Les publications individuelles et/ou collectives et les enjeux de l'évaluation de la recherche interdisciplinaire.

Questions : Quels sont les formes, moyens et pratiques de publication mis en œuvre par les chercheurs pour diffuser les résultats de leurs recherches interdisciplinaires ? Quelles sont les modalités d'évaluation appliquées aux recherches interdisciplinaires ? Quels critères d'évaluation sont adéquats à la recherche interdisciplinaire ?

Pour chacune de ces cinq dimensions, une série plus détaillée de descripteurs thématiques a été élaborée afin de guider, d'organiser et de permettre une analyse fine des données recueilles grâce au dispositif méthodologique présenté ci-après en 1.5. Le tableau 1.1 reprend les dimensions d'analyse requalifiées comme 5 macro-nœuds thématiques, eux-mêmes subdivisés en descripteurs ou sous-nœuds thématiques (36 au total). Le sigle ITD est l'abréviation de « Inter- et Transdisciplinarité » ou sa forme adjectivale « Inter- et Transdisciplinaire ».

Tableau 1.1 Nœuds thématiques/descripteurs avec description

I	Contexte institutionnel et type d'organisation	
I-1.	Missions et dispositifs	Enoncés de mission institutionnelle (mention et rôle de l'ITD); Présence ou absence d'un dispositif spécifique pour traiter les questions liées à l'ITD
I-2.	Thématiques de recherche	Thématiques et axes de recherche couverts dans et par l'institution; Référence explicite ou non à l'inter- et/ou la transdisciplinarité
I-3.	Organisation institutionnelle	Types d'organisation, liens et influence entre l'organisation institutionnelle et la recherche ITD
I-4.	Conditions-cadres	Conditions-cadres, formes et degrés du soutien institutionnel en faveur de l'ITD
I-5.	Ressources	Types de ressources pour l'ITD (infrastructure, administration, management et style de leadership)
I-6.	Succès, difficultés et échecs	Conditions de succès, difficultés, obstacles, voire échecs de l'ITD sur le plan institutionnel
I-7.	Réseau de collaboration	Types de réseaux institutionnels de collaboration (régional, national, international)
I-8.	Perspectives et propositions	Perspectives d'amélioration, de développement et propositions de changement
II	Motivation, identité disciplinaire et trajectoire	
II-1.	Motivations	Motivations des chercheurs et raisons de s'engager dans la recherche ITD
II-2.	Identité disciplinaire et trajectoire académique	Définition de l'identité disciplinaire des chercheurs au regard de leur trajectoire académique et de leur carrière professionnelle; avantages et/ou désavantages pour le travail ITD

II-3.	Représentations	Représentations individuelles que les chercheurs se font de l'ITD par rapport à leurs compétences, leur(s) identité(s) disciplinaire(s) et/ou interdisciplinaire(s) et leur engagement dans la collaboration ITD; Représentations collectives de l'ITD au sein du groupe de recherche; Apports et plus-values de l'ITD sur le plan personnel
II-4.	Champs et communautés scientifiques	Rôle et place de l'ITD en tant que champ de recherche au sein de communautés scientifiques disciplinaires ou pluridisciplinaires; Émergence d'une communauté scientifique ITD
II-5.	Genèse du projet de recherche	Genèse du projet de recherche ITD retenu pour chaque cas d'étude et points de vue des chercheurs
II-6.	Groupe de recherche	Modalités de constitution du groupe de recherche du projet ITD; Insertion des chercheurs dans le groupe de recherche
III	Théorie/épistémologie et méthodologie de recherche interdisciplinaire	
III-1.	Définitions de l'ITD et visions	Degrés de partage des définitions et visions de l'ITD entre les chercheurs
III-2.	Théorie	Processus d'élaboration des cadres théorique et conceptuel (individuellement et/ou collectivement)
III-3.	Disciplines	Rôle des différentes disciplines dans la co-élaboration des cadres théorique et conceptuel ITD
III-4.	Proximité/distance disciplinaire	Présence significative ou non d'une proximité/distance disciplinaire du point de vue individuel; Proximité/distance disciplinaire et rôle des compétences disciplinaires de chacun par rapport à la dynamique collaborative
III-5.	Compétences	Compétences théoriques et méthodologiques spécifiques des chercheurs engagés dans la recherche ITD; Compétences individuelles et collectives
III-6.	Paradigmes	Degrés d'hétérogénéité/homogénéité des cadres théorique et conceptuel, ainsi que des postures et styles épistémologiques
III-7.	Plurilinguisme	Présence significative ou non des enjeux et rôle du plurilinguisme dans le processus de recherche ITD; Plurilinguisme et rôle des langues dans le processus de collaboration ITD
III-8.	Méthodologie	Choix, approches et outils méthodologiques mobilisés par les chercheurs dans la recherche ITD
III-9.	Élaboration méthodologique	Processus d'élaboration des méthodes de recherche dans la pratique ITD

III-10.	Articulation méthodologique	Modalités d'articulation de différentes méthodes utilisées dans la recherche ITD
III-11.	Méthodes de recherche ITD	Présence ou non de méthodes spécifiques à la recherche ITD
III-12.	Créativité	Types et degrés de créativité dans la recherche ITD; Rôle et place à l'imprévu dans la recherche ITD
IV	Forme de collaboration entre chercheurs	
IV-1.	Formes de collaboration	Formes et modalités de collaboration et de dialogue ITD entre chercheurs d'origines disciplinaires différentes et complémentaires; Modalités du travail en équipe (*team science*)
IV-2.	Interaction et intégration	Moyens et degrés d'interaction et d'intégration dans la recherche ITD (avantages/désavantages)
IV-3.	Relations humaines	Rôle des relations humaines dans la collaboration ITD; Émotions, plaisir ou déplaisir dans la collaboration entre collègues de différentes disciplines, amitié
IV-4.	Succès, difficultés et échecs de la collaboration ITD	Facteurs plus ou moins facilitateurs, conditions de réussite, obstacles, échecs de la collaboration ITD
IV-5.	Acteurs de la recherche ITD	Types d'acteurs impliqués dans les pratiques de recherche ITD et leurs modalités de collaboration
V	Publication et évaluation	
V-1.	Publication	Types, diversité et fréquence de publication ITD; Processus de valorisation
V-2.	Processus d'évaluation	Processus d'évaluation de la recherche ITD; Expériences et degrés de satisfaction/insatisfaction des chercheurs
V-3.	Formes d'évaluation	Formes et formats d'évaluation rencontrés par les chercheurs dans leurs expériences de recherche ITD
V-4.	Critères d'évaluation	Critères à prendre en compte pour évaluer une recherche ou une publication ITD
V-5.	Difficultés, plus-values	Difficultés et/ou plus-values des pratiques de publication et d'évaluation de la recherche ITD

1.2 Étude de cas : 10 terrains d'enquête

> *The function of research is not necessarily to map and conquer the world but to sophisticate the beholding of it. 'Thick description', 'experiential understanding' and 'multiple realities' are expected in qualitative case studies.* (Stake, 1995, p. 43)

Qu'est-ce qu'une étude de cas ? De manière générale, l'étude de cas est utilisée dans différentes disciplines en sciences humaines et sociales, telles que la sociologie, la psychologie, l'anthropologie, les sciences de l'éducation, les sciences politiques. L'étude de cas comme méthode de recherche peut être rattachée à l'idée d'une "épaisseur" de la description (« *Thick description* ») ou « description dense » (Geertz & Mary, 1998) d'une situation donnée. On y vise l'articulation de notre problématique de recherche générale sur l'interdisciplinarité et des terrains d'enquête particuliers, dans une approche compréhensive, holistique et interprétative d'un phénomène situé dans son contexte (Eisenhardt, 1989; Stake, 1995; Yin, 1994; De Sardan, 1995). L'approche par cas est une « stratégie de recherche globale » (Yin, 1994, p. 14) et « idiographique » (Gagnon, 2005) avec une forte attention portée aux variables contextuelles locales. L'étude de cas est ainsi particulièrement pertinente si l'on s'intéresse aux processus (au *comment*) et aux raisons (au *pourquoi*) des phénomènes sociaux ou individuels étudiés (Smeltzer & Zener, 1992; Yin, 1994), en l'occurrence des pratiques de recherche interdisciplinaire dans différents contextes institutionnels. Il s'agit donc ici de « penser par cas » (Passeron & Revel, 2005), c'est-à-dire de raisonner à partir de la description et de la compréhension de configurations singulières et circonstanciées de la recherche interdisciplinaire et d'opérer à partir d'elles une réflexion plus générale.

Le contexte académique suisse a été choisi comme terrain d'investigation, dans lequel dix lieux d'enquête ont été sélectionnés sur la base de leur visibilité dans le champ des études interdisciplinaires portant sur des thématiques qui se situent à la croisée de plusieurs disciplines. Bien que la recherche interdisciplinaire soit plus ou moins mise en évidence, pratiquée ou revendiquée selon les institutions, les centres et autres structures dans les universités, nous avons volontairement circonscrit le champ d'investigation – sans viser l'exhaustivité des lieux d'observation possibles – à dix cas d'étude. Au-delà des contraintes de planification temporelle et de faisabilité du projet, la sélection des cas s'est effectuée sur la base des critères prioritaires suivants :

- Une attention a été portée à la diversité du paysage universitaire suisse, en impliquant des institutions, centres, structures ou laboratoires issus d'une grande partie des universités romandes et suisses allemandes (sept sur les dix universités cantonales), ainsi que des deux Écoles polytechniques fédérales[1].
- L'interdisciplinarité est explicitement mentionnée en tant que telle comme un des objectifs de recherche, tant par l'institution que par les chercheurs impliqués. Elle représente également un objet d'autoréflexion institutionnelle et personnelle.
- Les institutions retenues sont particulièrement visibles dans le champ académique suisse en ce qui concerne l'inter- et la transdisciplinarité, notamment sur les plans de la recherche et des publications.
- Les cas retenus (institutions et chercheurs) ont régulièrement participé aux réflexions menées en Suisse sur les enjeux de la recherche inter- et transdisciplinaire, notamment dans le cadre de la Conférence Suisse Inter- et Transdisciplinarité qui a été organisée annuellement (de 2008 à 2014) par l'Institut universitaire Kurt Bösch (IUKB)[2] et

---

1 La Suisse compte 12 Hautes Écoles universitaires, soit 10 Universités cantonales et 2 Hautes écoles polytechniques fédérales : Université de Bâle; Université de Berne; Université de Fribourg; Université de Genève; Université de Lausanne; Université de Lucerne; Université de Neuchâtel; Université de Zurich; Université de Saint-Gall; Université de la Suisse italienne; École polytechnique fédérale de Zurich (ETH Zürich); École polytechnique fédérale de Lausanne (EPFL). Elle compte également deux institutions universitaires (le Graduate Institute of International and Development Studies (IHEID) et la Formation universitaire à distance), ainsi que des Hautes écoles spécialisées et des Hautes écoles pédagogiques, ainsi que quelques autres institutions ou structures reconnues ou accréditées. Pour plus d'information, consulter www.swissuniversities.ch

2 Les activités de la Cellule Inter- et Transdisciplinarité et celles en droits de l'enfant de l'ancien IUKB ont été intégrées à l'Université de Genève (UNIGE) à partir du 1er janvier 2015, dans et par la création du nouveau Centre interfacultaire en droits de l'enfant (CIDE) qui poursuit son développement sur le Campus UNIGE à Sion dans le canton du Valais.

le Network for Transdisciplinary Research (td-net) des Académies suisses des sciences.

La carte suivante, Fig. 1.2 présente un aperçu géographique des dix cas d'étude. Les lettres de l'alphabet en minuscule désignent les dix cas (a-j), cet ordre alphabétique correspondant à l'ordre chronologique de l'itinéraire des enquêtes de terrain[3].

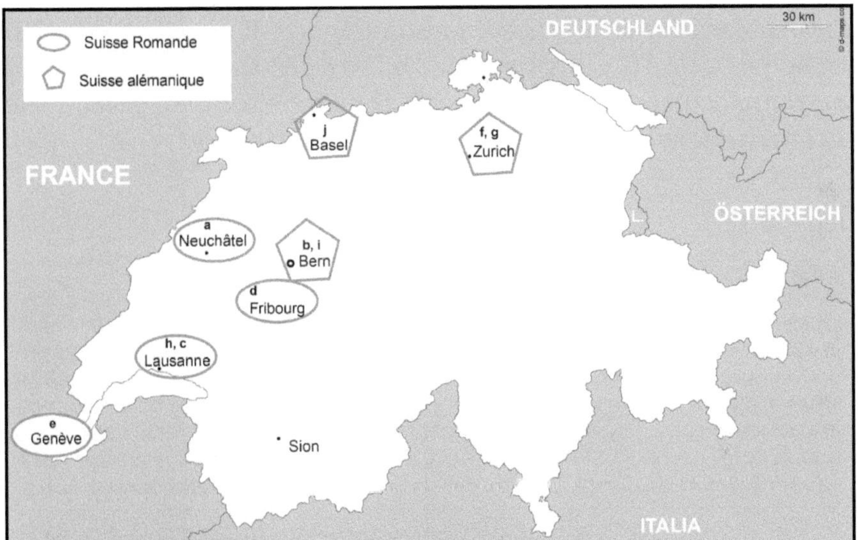

a Maison d'analyse des processus sociaux (MAPS), Université de Neuchâtel
b Centre for Development and Environment (CDE), Université de Berne
c Collège des Humanités (CDH), École polytechnique fédérale de Lausanne
d Institut interdisciplinaire d'éthique et des droits de l'homme (IIEDH), Université de Fribourg
e Groupe Écologie Humaine, Institut des sciences de l'environnement, Université de Genève
f Natural and Social Science Interface (NSSI), Institut for Environmental Decisions, École polytechnique fédérale de Zurich
g Collegium Helveticum, Université de Zurich et École polytechnique fédérale de Zurich
h Ethos-Plateforme interdisciplinaire d'éthique, Université de Lausanne
i Interfakultäre Koodinationsstelle für Allegemeine Ökologie (IKAÖ), Université de Berne
j Epidemiology and Public Health (EPH), Institut tropical et de santé publique suisse (Swiss TPH), Université de Bâle

Figure 1.2 Les terrains d'enquête

3 Pour des raisons de confidentialité des données personnelles, lorsque des paroles de chercheurs sont citées, les locuteurs sont identifiés pour chaque cas par une lettre majuscule suivie d'un chiffre de 1 à 10 qui renvoie à leur institution d'appartenance (par ex. A1, B1, C1, […]; A2, B2, C2 […]; etc.). La numérotation des cas de 1 à 10 ne correspond pas à l'ordre chronologique des études de cas désignées par les lettres (a-j) dans ce chapitre.

Le tableau 1.2 présente une brève description de chacun des dix cas[4]. Il est d'entrée remarquable de voir la diversité des formulations langagières de la nature interdisciplinaire, des objectifs, de la configuration institutionnelle et du positionnement stratégique de ces instituts, centres, etc. Loin d'une stricte synonymie, la multiplicité des termes utilisés pour désigner ces structures de nature proche (« Maison », « Centre », « Collège », « Institut », « Groupe », « Interface », « Plateforme », « Département ») montre la dimension protéiforme de l'interdisciplinarité qui s'inscrit dans des différents lieux institutionnels. Il ne ressort donc pas un seul modèle d'organisation standardisé de l'interdisciplinarité, mais au contraire un espace multivarié fait de nuances dans les rencontres et les interfaces entre chercheurs de différentes disciplines.

Tableau 1.2 Description des cas

a : MAPS
La Maison d'analyse des processus sociaux (MAPS) a été fondée en 2006/2007 dans la volonté de renforcer les échanges entre disciplines en sciences humaines et sociales de l'Université de Neuchâtel. Cette maison est composée de chercheurs issus de 5 instituts et d'une chaire transversale de la Faculté des lettres et sciences humaines : ethnologie, géographie, psychologie et éducation, le Forum suisse pour l'étude des migrations et de la population (SFM) et sociologie. Elle adopte une approche interdisciplinaire qu'elle déclare et encourage explicitement dans son énoncé de mission institutionnelle.
b : CDE
Le Centre for Development and Environement (CDE) est crée en 1988 comme une partie de l'Institut de géographie, pour devenir ensuite en 2009 un centre interdisciplinaire universitaire de recherche dans le domaine du développement durable à l'Université de Berne. Sa mission est de produire et de partager les savoirs pour le développement durable. Pendant 12 ans, le CDE a joué le rôle de « Leading House » du Pôle de recherche national (PRN) Nord-Sud.

4 Pour une éventuelle actualisation de ces données et sur le devenir de ces structures institutionnelles, il suffit de consulter leurs sites web respectifs, aisément repérables sur Google.

c : CDH
Le Collège des Humanités (CDH), crée en 2004, est un lieu de convergence des sciences humaines et sociales au sein de l'École polytechnique fédérale de Lausanne (EPFL). Il est composé d'un programme d'enseignement et de deux instituts dans les domaines des sciences humaines et sociales (SHS). Sa fonction principale est de développer des compétences « non techniques » dans la formation des futurs ingénieurs. Le CDH héberge un laboratoire (le Digital Humanities Lab) et un centre (le Centre for Area and Cultural Studies), afin de promouvoir des projets « au carrefour des sciences, des technologies et des sciences humaines et sociales ». Son défi institutionnel consiste à « encourager l'essor d'une recherche collaborative associant les sciences humaines et sociales et les sciences de la nature et de l'ingénieur. Par une approche intégrative et interdisciplinaire, il s'agit de faire converger les savoirs sur des problématiques élaborées conjointement et ainsi réellement partagées ».
d : IIEDH
L'Institut interdisciplinaire d'éthique et des droits de l'homme (IIEDH) est crée en 2004 sous la forme d'un institut interdisciplinaire des cinq facultés (Faculté de théologie, Faculté de droit, Faculté des sciences économiques et sociales, Faculté des lettres et Faculté des sciences) de l'Université de Fribourg, dans le domaine des droits culturels et de l'éthique. Sa mission principale est la « promotion de la recherche interdisciplinaire dans les domaines de l'éthique et des droits de l'homme ». L'IIEDH est rattaché administrativement au rectorat et il est doté d'un Conseil où les cinq facultés de l'université sont représentées à titre égal.
e : GEH
Le Groupe Écologie Humaine (GEH) est crée en 2008 comme une des unités de recherche au sein de l'institut des Sciences de l'Environnement (ISE). Cet institut est une entité interfacultaire (Faculté des Sciences Économiques et Sociales, Faculté des Sciences et Faculté de Médecine), placée sous l'autorité du rectorat. L'enjeu institutionnel de ce groupe est de favoriser les interactions entre sciences naturelles et sociales dans l'enseignement et la recherche. Ce groupe déclare officiellement dans son énoncé de mission qu'il s'agit de « mieux intégrer l'interdisciplinarité au sein de l'institut des Sciences de l'Environnement en valorisant les sciences économiques et sociales ».

f : NSSI
Le Natural and Social Science Interface (NSSI) fait partie de l'Institue for Environmental Decisions (IED), fondé en 2006 au sein de l'École polytechnique fédérale de Zurich (ETH Zürich). L'IED est constitué de six chaires professorales, dont une est attribuée au NSSI. Elles s'ancrent dans trois départements : Environmental Sciences (D-UWIS), Agricultural and Food Sciences (D-AGRL), and Humanities and Social Sciences (D-GESS). Le NSSI vise à développer les méthodologies de différentes disciplines afin d'intégrer les expertises scientifiques dans le processus de prise de décision sociétale et de mettre en place des systèmes humain-environnement durables. Ses deux missions principales sont d'« organiser des recherches interdisciplinaires dans les domaines de l'environnement, à l'interface homme-environnement » et de « mener des études de cas transdisciplinaires en collaborant avec d'autres disciplines, ainsi qu'avec des acteurs non académiques ».
g : Collegium Helveticum
Le Collegium Helveticum, crée en 2004, est une « initiative commune » de l'Université de Zurich et de l'École polytechnique fédérale de Zurich (ETH Zürich), considérée comme un « laboratoire pour la recherche transdisciplinaire ». Sa mission principale est de promouvoir l'échange des savoirs et la compréhension mutuelle entre sciences naturelles, sciences humaines et sociales, arts, technologies et sciences médicales. Il offre un unique programme de « Part-time Fellowship » qui permet la circulation des savoir entre l'Université de Zurich et l'ETH. Son approche centrale est de type « bottom-up » et elle est mise en œuvre dans divers projets inter- et transdisciplinaires.
h : ETHOS
L'ETHOS-Plateforme interdisciplinaire d'éthique de l'Université de Lausanne (UNIL) est une plateforme interdisciplinaire de recherche et d'accueil de demandes en matière d'éthique en provenance de la société civile (le monde politique, le monde associatif, les ONG, les entreprises, les groupements professionnels, etc.). ETHOS adopte une perspective d'éthique interdisciplinaire qui associe les chercheurs en sciences humaines, sciences sociales et sciences de la nature, et les acteurs de la société civile pour conduire une réflexion sur des grands enjeux contemporains. ETHOS stimule les collaborations en fédérant les compétences des Facultés de l'UNIL au travers de l'organisation de colloques et la conduite de recherches interdisciplinaires sur le plan national et international. En outre, ETHOS assure la présence de l'éthique interdisciplinaire dans la formation continue.
i : IKAOE
L'idée de créer un Centre interfacultaire pour l'écologie générale (Interfakultäre Koordinationsstelle für Allgemeine Ökologie (IKAOE)) a été lancée en 1984 et concrétisée par une volonté politique au sein de l'Université de Berne. Ce centre s'ancre dans une structure interfacultaire qui permet des approches globales et interdisciplinaires. L'IKAOE débute ses activités en 1988 et il alimente de nombreux débats scientifiques autour de l'inter- et transdisciplinarité en développant cette approche dans la recherche. Le centre est dissous à la fin de l'année 2013 et intégré dans le CDE.

j : EPH
L'Epidemiology and Public Health (EPH) est un des plus grands départements de recherche du Swiss Tropical and Public Health Institute (Swiss TPH) fondé en 1943. Le Swiss TPH est une organisation publique qui vise à améliorer la santé publique nationale et internationale à travers son excellence dans la recherche et le service médical, ainsi que dans l'enseignement et la formation. L'EPH, constitué de 23 groupes de recherche et comptant plus de 170 collaborateurs, encourage une collaboration interdisciplinaire dans et à travers des groupes, des unités et d'autres départements du Swiss TPH. Il contribue à développer et à appliquer diverses méthodes (épidémiologique, biostatistique et de modélisation) en adoptant une approche interdisciplinaire pour l'innovation, la validation et l'application des recherches dans les domaines de la santé publique.

1.3 Thèmes de recherche et multidisciplinarité

La diversité des formes d'inscription institutionnelle de l'interdisciplinarité se retraduit dans la densité des thèmes de recherche abordés au travers des dix cas d'étude. À partir des données collectées grâce à une recherche documentaire (voir 1.5), le tableau 1.3 liste les thèmes et les disciplines représentées[5]. Il mentionne également pour chaque cas le projet interdisciplinaire qui a été retenu afin de guider les échanges dans les groupes de discussion (Focus Groups, voir 1.5).

Les nombreux thèmes de recherche sont traités à partir de multiples disciplines qui s'inscrivent dans des domaines d'études pluridisciplinaires (Sciences de l'environnement, Études genre, Études des migrations, Humanités digitales, etc.) qui se situent eux-mêmes le plus souvent à l'interface de deux ou plusieurs champs scientifiques (Sciences humaines, Sciences sociales, Sciences naturelles, Sciences médicales, Sciences et techniques de l'ingénieur)[6]. La figure 1.3 visualise cette imbrication dynamique entre disciplines, thèmes, domaines d'études et champs scientifiques.

5 Listes indicatives et non-exhaustives.

6 Cette multiplicité se lit en miroir dans les appartenances des chercheurs aux disciplines (pour l'échantillon total, voir Fig. 1.8; pour le sous-échantillon, voir Chp. 3, Fig. 3.5) et aux champs scientifiques (voir le sous-échantillon, Chp. 3, Fig. 3.4).

Tableau 1.3 Thèmes de recherche et disciplines par cas

Thèmes de recherche	Disciplines représentées	Projet de recherche interdisciplinaire
a : MAPS – Maison d'analyse des processus sociaux		
Circulation des personnes Circulation des richesses Circulation des connaissances Mobilité Racisme et discrimination Appartenances identitaires Migration et démographie Éducation et formation Innovation sociale	Anthropologie Ethnologie Géographie Psychologie Sciences de l'éducation Sociologie	« Réseau MOVE – The Swiss Network for Mobility Studies »
b : CDE – Centre for Development and Environment		
Développement durable Éducation et innovation pour le développement durable Ressources naturelles et écosystème Disparités multi-dimensionnelles	Anthropologie Agronomie Biologie Droit Écologie Géographie Informatique Ingénierie Linguistique Psychologie Sciences de l'environnement Sociologie	« Autodidactic Learning for Sustainability »
c : CDH – Collège des Humanités		
Connaissances et philosophie de la science Morphogenèse Humanités digitales Études régionales et culturelles Ontologie sociale Transformations et dynamiques sociales Recherche collaborative entre science et société	Anthropologie Économie Informatique Médecine Sciences de la vie Sciences politiques Sociologie	« Knowledge translation in healthcare: a multidisciplinary evaluation »

Thèmes de recherche	Disciplines représentées	Projet de recherche interdisciplinaire
d : IIEDH – Institut interdisciplinaire d'éthique et des droits de l'homme		
Droits de l'homme Droits culturels Droits pour l'éducation Éthique économique Philosophie politique Vieillissement	Droit Économie (Éthique économique) Sciences politiques Philosophie	« L'analyse de l'effectivité des droits culturels et l'analyse des politiques publiques au regard des droits culturels : recherche d'indicateurs »
e : GEH – Groupe Écologie Humaine		
Développement durable Écologie humaine Régulations, sociétés et environnement Aménagement du territoire Santé et bien-être Mobilité Urbanisme Patrimoine et guerre	Écologie humaine Économie Ethnologie Géographie Informatique Sociologie Sciences de l'environnement Sciences politiques	« Positive Health Effects of the Natural Outdoor Environment in Typical Populations in Different Regions of Europe » (Phénotype)
f : NSSI – Natural and Social Science Interface		
Modèles de développement durable Soutien des processus de décision sociaux Interface homme-environnement Sécurité et énergie Études de cas transdisciplinaires Évaluation et intervention médicale	Anthropologie Architecture et Urbanisme Biologie Économie Géographie Ingénierie Physique Psychologie Sciences de l'environnement Sociologie	« Sustainable Urban Patterns (SUPat) : Transdisciplinary Case Study – Urban Planning, Urban Quality Criteria, Sustainable Urban Patterns, Procedural Modelling, Collaborative Decision - Making Process – »

Thèmes de recherche	Disciplines représentées	Projet de recherche interdisciplinaire
g : Collegium Helveticum		
Reproductivité, prévision et pertinence Santé « One medicine – One Oncology » Médicament Expérimentation animale Processus de prise de décision	Biologie Chimie Droit Informatique Ingénierie Linguistique Médecine et pharmacie Muséologie Philosophie Physique Psychologie Sciences de l'éducation Sociologie	« Aussergewöhnliche Erfahrungen, Salienz und dopaminergen Neurotransmission »
h : ETHOS – ETHOS-Plateforme interdisciplinaire d'éthique		
Philosophie du soin Environnement, finitude, écologie Reconfiguration humaine Promesses technologiques et changement social Éthique interdisciplinaire Éthique, justice et solidarité	Biologie Médecine (Éthique médicale) Philosophie Physique Psychologie Sciences de l'environnement Sciences de la vie Sociologie	« Vivre ensemble dans l'incertain : La transplantation d'organes » (VEI)
i : IKAOE – Interfakultäre Koordinationsstelle für Allgemeine Ökologie		
Écologie générale Développement durable Action locale et régionale Éducation pour un développement durable Recherche et enseignement inter- et transdisciplinaires	Anthropologie Chimie Droit Économie Écologie Ethnologie Géographie Histoire Philosophie Psychologie Sciences de l'éducation Sciences de l'environnement Sociologie	« SÖF (Sozial-ökologische Forschung) : Begleitforschung Nachhaltiger Konsum »

Thèmes de recherche	Disciplines représentées	Projet de recherche interdisciplinaire
j : EPH – Epidemiology and Public Health		
Biostatistique Épidémiologie Société, culture et santé publique Santé humaine et animale Société, genre et santé Parasitologie moléculaire Médicaments Régulation des gènes	Anthropologie Biologie Écologie Économie Épidémiologie Géographie Informatique Ingénierie Linguistique Mathématiques Médecine Physique Psychologie Sciences de l'environnement Sociologie	« One Medicine – One Health concept » / « Health of nomadic people and their animals »

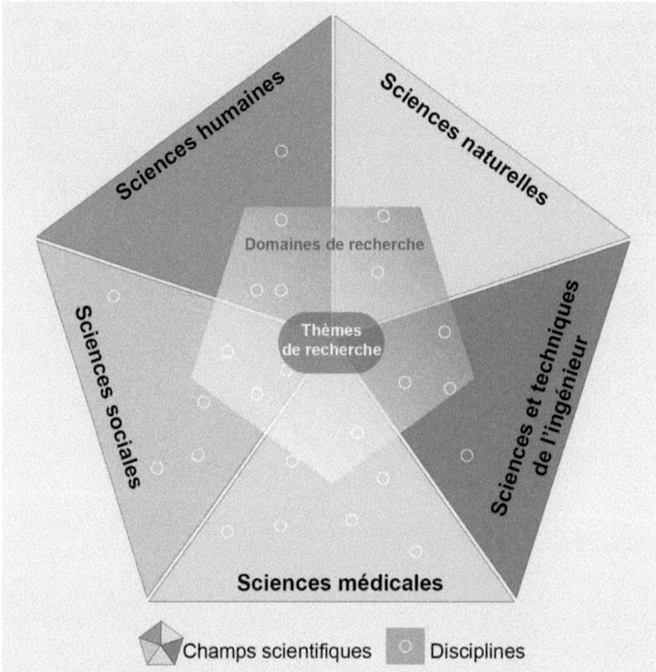

Figure 1.3 Disciplines, Thèmes, Domaines, Champs

1.4 Échantillon de l'étude : une pluralité effective

Les études de cas impliquent un sous-échantillon de chercheurs (N=66) tiré de l'échantillon total (N=466) (voir Fig. 1.4). L'établissement du sous-échantillon a été réalisé d'entente avec les personnes de contact (en majorité le responsable académique de l'institution du cas d'étude concerné) qui ont été invitées à participer à l'identification et aux choix des chercheurs qui ont participé directement à l'enquête. Indépendamment d'une recherche systématique d'une représentativité statistique, la sélection des personnes interrogées a tenu compte des critères de diversité des statuts académiques, des appartenances disciplinaires, de genre et d'âge[7].

7 Sur la répartition par âges du sous-échantillon, voir Chp. 3, Fig. 3.2.

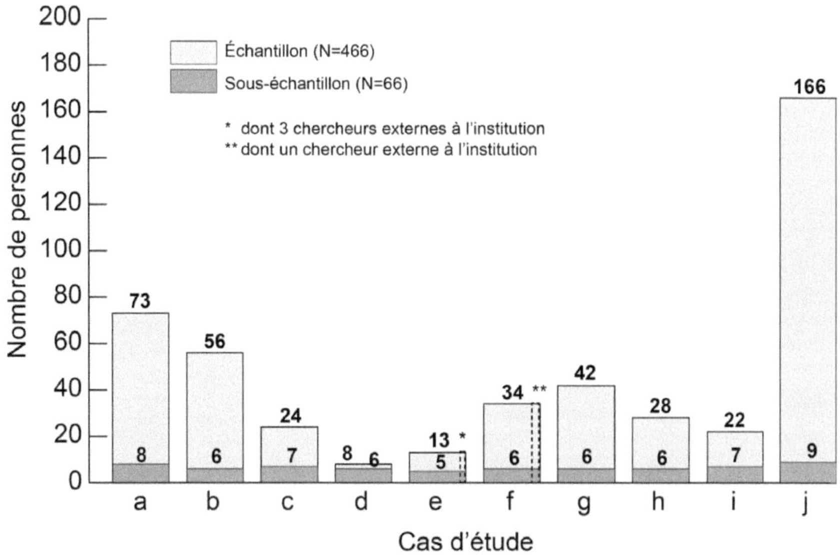

Figure 1.4 Échantillon et sous-échantillon de l'étude

Une première phase de récolte de données a été effectuée sur l'échantillon total et sur le sous-échantillon, soit pour chaque cas les noms et prénoms des chercheurs, les statuts académiques et les appartenances disciplinaires de tous les membres du personnel académique. Il faut souligner que, dans cette première étape de l'enquête, ces données ont été établies sur la base de la documentation institutionnelle visible et publiquement accessible (Sites Web, brochures, notices biographiques, curriculum vitae etc.). En ce qui concerne les statuts académiques, quatre catégories ont été retenues : Corps professoral, Corps intermédiaire supérieur, Collaborateur scientifique et Assistant-doctorant. Les définitions de ces catégories sont détaillées ci-dessous (voir Tab. 1.4).

Les enjeux de l'interdisciplinarité touchent toutes les catégories du personnel académique, ils ne sont pas l'apanage de telle ou telle catégorie au détriment des autres. Les figures 1.5 et 1.6 présentent cette vision diversifiée des statuts académiques au niveau de l'échantillon total et du sous-échantillon.

Avec la même attention portée à la représentation de la diversité des profils des chercheurs participant directement à l'enquête, le sous-échantillon vise un certain équilibre de genre entre les hommes et les femmes, y compris leur répartition linguistique dans les cas d'étude en Suisse romande et en Suisse alémanique, voir Fig. 1.7.

En rapport avec la multiplicité des rattachements disciplinaires des chercheurs évoquée ci-dessus, présentons encore les appartenances disciplinaires de l'échantillon total de l'étude, voir Fig. 1.8.

Tableau 1.4 Statuts académiques

Statut académique	Définition
Corps professoral (Titulaire d'un doctorat)	Il comprend les professeurs ordinaires et extraordinaires, les professeurs associés, les professeurs assistants, les professeurs invités, les directeurs de recherche, les chargés de cours et les privat-docents.
Corps intermédiaire supérieur (Titulaire d'un doctorat)	Il comprend les maîtres d'enseignement et de recherche, les maîtres-assistants, les *Senior lecturers* et les chargés d'enseignement, ainsi que les post-doctorants, les chercheurs avancés, les chefs de projet et les collaborateurs scientifiques titulaires d'un doctorat.
Collaborateur scientifique (Titulaire d'un Master ou d'un Bachelor)	Il comprend les collaborateurs scientifiques, ainsi que les chercheurs titulaires d'un Master, d'une Licence, d'un Bachelor ou d'autres diplômes jugés équivalents.
Assistant-doctorant	Il comprend les assistants, les doctorants, les assistants-doctorants.

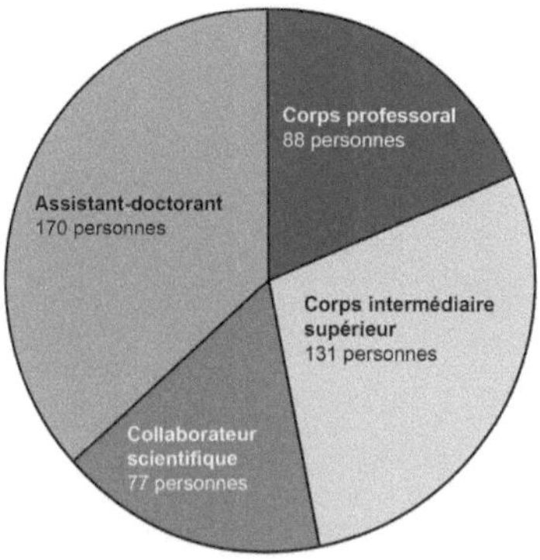

Figure 1.5 Statuts académiques de l'échantillon (N=466)

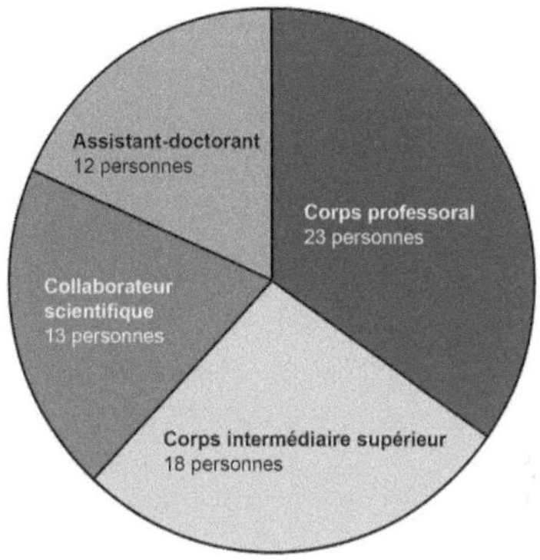

Figure 1.6 Statuts académiques du sous-échantillon (N=66)

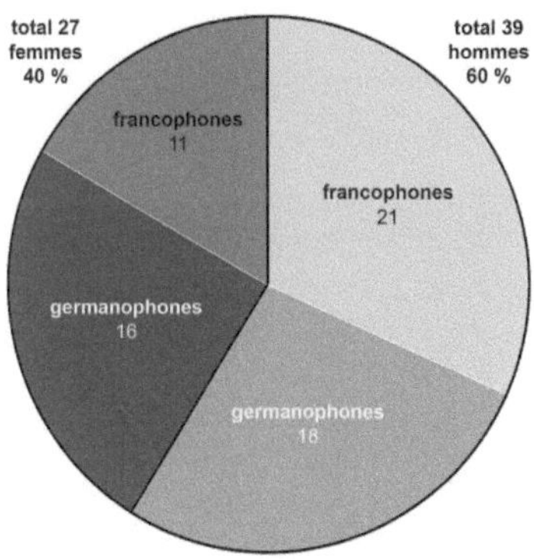

Figure 1.7 Genre et répartition linguistique (N=66)

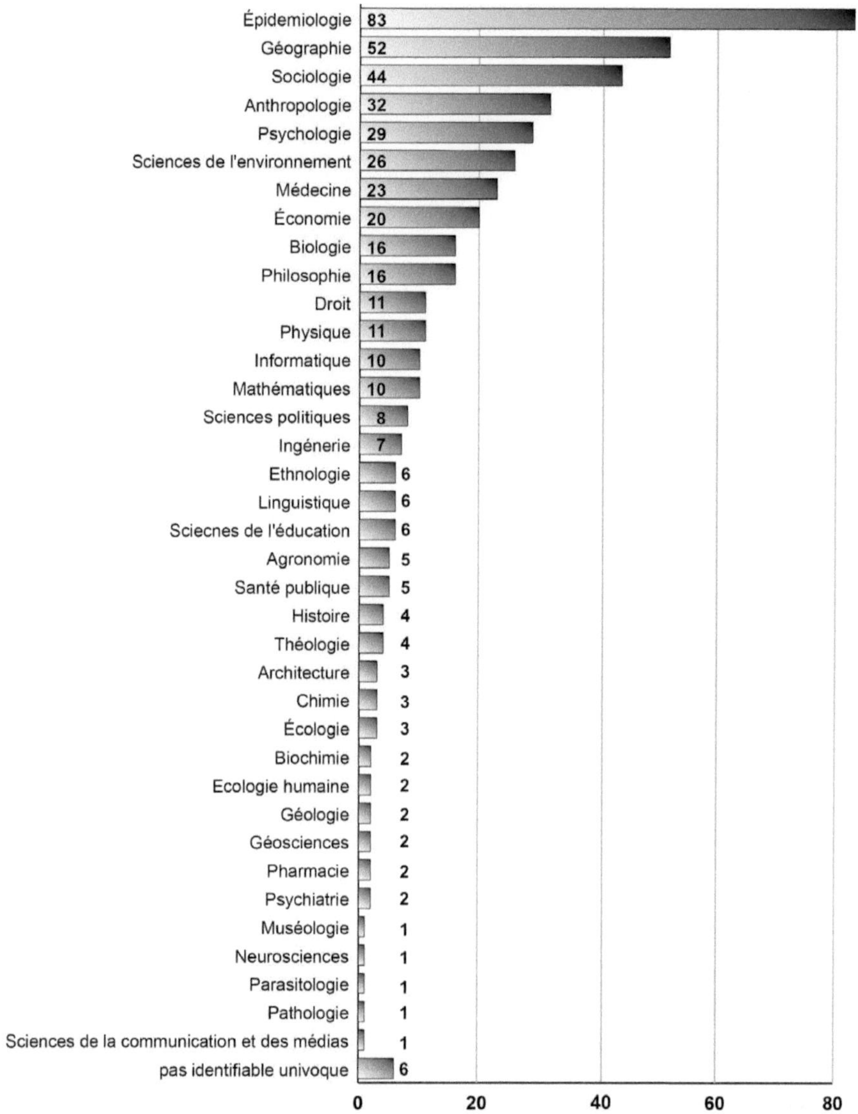

Figure 1.8 Appartenances disciplinaires (N=466)

1.5 Méthodes mixtes

La volonté d'analyser la complexité de la recherche interdisciplinaire et d'approcher au plus près les pratiques des chercheurs a motivé le choix d'un dispositif méthodologique qui combine des approches qualitatives et quantitatives, avec en l'occurrence une dominance des méthodes qualitatives. Le dispositif présenté en détail ci-dessous comprend une recherche documentaire et des observations indirectes, un questionnaire (65 répondants), des entretiens semi-directifs (30, soit trois entretiens par cas), un Focus Group par cas (10 Focus Groups de 4 à 7 chercheurs), ainsi que des observations directes dans le cadre des entretiens et des Focus Groups.

Soixante-six participants-chercheurs de l'étude

La sélection des enquêtés a tenu compte des divers critères mentionnés en 1.4 (statuts académiques, appartenances disciplinaires, genre, âge).

Recherche documentaire et observation indirecte

Il s'agissait d'abord de récolter des informations personnelles sur les participants-chercheurs (appartenances disciplinaires, statuts académiques, fonctions, etc.)[8] et de réunir un échantillon de leurs publications interdisciplinaires représentatives (individuelles ou collectives). Ce travail de documentation a également porté sur l'Institution (Sites Web, brochures, rapports, etc.) permettant d'identifier les objectifs et les missions, les disciplines représentées, les thèmes de recherche, les langues de communication et les pratiques plurilingues, ainsi que les documents et publications relatives aux projets interdisciplinaires retenus comme points de départ pour les discussions dans les Focus Groups et comme support pour l'observation directe des dynamiques de collaborations interdisciplinaires. L'observation indirecte s'est ainsi basée sur l'analyse des contenus de ces différents types de documentation et publication.

8 Le questionnaire comprend également une rubrique sur les ancrages disciplinaires des chercheurs : le cas échéant ces informations ont alors permis de confirmer les appartenances disciplinaires pour les besoins de l'analyse quantitative.

Questionnaire en ligne (65 réponses)

Tous les participants-chercheurs (66) ont été invités à répondre à un questionnaire préalable, avant une participation sélective à des entretiens individuels et/ou des Focus Groups[9]. 65 sur 66 participants ont répondu entièrement au questionnaire. Ce résultat a pu être réalisé grâce au suivi personnalisé de tous les participants. Le questionnaire (en français et en allemand) a été réalisé sur la base des dimensions du cadre théorique (voir Fig. 1.1) et des questions exploratoires liées : il couvre l'amplitude des descripteurs retenus pour l'analyse (voir Tab. 1.1).

Entretiens individuels semi-directifs (30)

Trois chercheurs de statuts académiques et d'origines disciplinaires différents ont été interrogés pour chaque étude de cas : un responsable de l'institution, un membre du corps professoral ou intermédiaire et un assistant-doctorant, tous impliqués dans l'interdisciplinarité. L'entretien d'environ une heure visait à comprendre leurs points de vue concernant la recherche interdisciplinaire sur les plans individuel et collectif. Dans la même ligne que le questionnaire, l'élaboration du guide d'entretien s'est basée sur le cadre théorique (voir Fig. 1.1), les questions exploratoires liées et les descripteurs thématiques (voir Tab. 1.1). Le guide d'entretien est commun à tous les entretiens, tout en adaptant au besoin certaines questions spécifiques dans les différents contextes institutionnels. Par exemple, les entretiens avec les responsables de l'institution ont mis l'accent sur les enjeux intentionnels, stratégiques, financiers et organisationnels de l'interdisciplinarité. Les entretiens se sont déroulés suite à l'analyse des réponses faites au questionnaire en ligne. Ce haut degré d'informations préalables à la disposition des enquêteurs a ainsi permis une véritable plus-value cognitive lors des entretiens. Les 30 entretiens ont à chaque fois été conduits par un interviewer (au total quatre interviewers de notre groupe de recherche, en alternance), accompagné d'un observateur direct (les interviewers devenant observateurs et récipro-

9 Selon les opportunités, certains chercheurs interviewés ont également participé au Focus Group.

quement) qui était en charge de prendre note d'éléments saillants et d'autres pistes de réflexions. Les entretiens se sont déroulés en français ou en allemand.

Focus Groups (10)

Un Focus Group par cas a été réalisé avec quatre à sept participants-chercheurs de différents statuts académiques et origines disciplinaires, en principe impliqués dans le projet de recherche interdisciplinaire sélectionné d'entente avec la personne de contact de chaque institution et les participants concernés. Le Focus Group, qui durait environ deux heures, a été utilisé comme moyen : a) d'approfondir collectivement et/ou éclairer d'un regard nouveau la compréhension des données déjà collectées aux moyens des autres méthodes (questionnaire en ligne, entretien, analyse documentaire, observation indirecte), considérant que tous les participants au Focus Group ont répondu au questionnaire et que certains ont été préalablement interviewés (le projet de recherche interdisciplinaire retenu ayant joué le rôle de déclencheur de la discussion); b) d'observation ponctuelle de la communication entre chercheurs de disciplines différentes et de remise en jeu collectif des réflexions sur les pratiques de recherche interdisciplinaire. Les questions abordées dans le questionnaire et les entretiens ont été reconduites, avec un accent sur la dimension collaborative du travail interdisciplinaire. La composition des Focus Groups est d'une part relativement hétérogène du point de vue de l'âge, du genre, du statut académique et de l'appartenance disciplinaire des membres-participants, tout en étant d'autre part relativement homogène par le partage d'un projet interdisciplinaire commun. Les Focus Groups ont été combinés avec une observation directe *in situ*, impliquant donc, en plus du modérateur de la séance, deux membres de notre équipe de recherche en charge de l'observation des échanges et dynamiques collaboratives entre participants (attitudes, comportements, interactions non-verbales, disposition des interlocuteurs, équité des temps de parole, etc.) et de l'observation des pratiques langagières (interactions verbales, tours de parole, traces énonciatives et affectives, langages disciplinaires et communication interdisciplinaire, etc.). Les Focus Groups se sont déroulés en français ou en allemand.

Ces différentes méthodes ont été utilisées dans une logique pragmatique de mixité combinatoire qualitative/quantitative (Tashakkori & Teddlie, 2003; Creswell & Plano Clark, 2007) pour permettre une compréhension plus fine, à la fois locale et globale, des pratiques de recherche interdisciplinaire vues sous des angles complémentaires. Cette logique de travail a été mise en œuvre dans les deux grandes phases de recherche (Bowden, 1995) : au niveau de la collecte de données qualitatives et quantitatives et au niveau de leur traitement et analyse, comme le visualise le schéma suivant, voir Fig. 1.9.

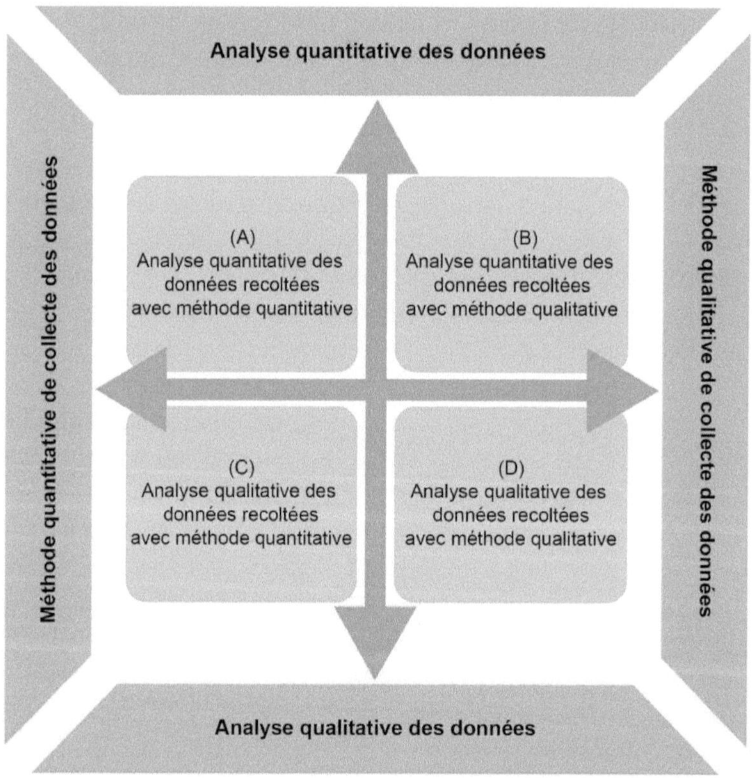

Figure 1.9 Méthodes mixtes (qualitative/quantitative)

En suivant la logique du déroulement de l'enquête de recherche, la partie (A) représente les données quantifiées du questionnaire (réponses aux questions fermées). Concernant la partie (B), on se focalise sur la partie quantifiable des données qualitatives issues des entretiens individuels et des Focus Groups, telle qu'une analyse de la fréquence de mots-clés dans les textes/discours transcrits. La partie (C) comprend principalement les résultats de l'analyse des données qualitatives issues du questionnaire (réponses aux questions ouvertes et commentaires). Enfin, la partie (D) comprend les résultats de l'analyse des données qualitatives issues des entretiens, des Focus Groups, ainsi que de l'observation directe et indirecte. Il s'agit donc bien de croiser, trianguler, ou en l'occurrence quadranguler, à la fois les techniques de recueil de données et leur analyse.

Points forts

- → Étudier la complexité des pratiques de recherche interdisciplinaire réclame une approche elle-même complexe et multidimentionnelle.
- → L'approche par cas multiples permet de mettre en évidence la diversité des contextes de mise en œuvre de l'interdiscipliarité et de procèder à des montées en généralité.
- → Il n'y a pas un seul modèle d'organisation standardisé de l'interdisciplinarité, mais au contraire un espace multivarié d'interfaces entre chercheurs de différentes disciplines.
- → La recherche interdisiciplinaire couvre une diversité de thèmes, disciplines, domaines d'études et champs scientifiques.
- → Le choix des chercheurs interrogés tient compte de la diversité des statuts académiques, des appartenances disciplinaires, du genre et de l'âge. Les enjeux de l'interdisciplinarité touchent toutes les catégories du personnel académique, ils ne sont pas l'apanage de telle ou telle catégorie au détriment des autres.

- → La volonté d'analyser la complexité des enjeux de la recherche interdisciplinaire et d'approcher au plus près les pratiques des chercheurs a motivé l'utilisation de méthodes mixtes.
- → Le choix d'un dispositif méthodologique mixte qui combine des approches qualitatives et quantitatives permet une compréhension fine, à la fois locale et globale, des pratiques de recherche interdisciplinaire vues sous des angles complémentaires.

CHAPITRE 2

Contexte institutionnel et interdisciplinarité

2.1 INTERDISCIPLINARITÉ ET MISSION INSTITUTIONNELLE

Comment les pratiques de recherche interdisciplinaire se situent-elles dans leur contexte institutionnel et quelles sont leurs modalités organisationnelles (voir Chp.1, Fig.1.1, Dimension I) ? Considérant que le cadre universitaire est encore largement structuré en facultés, elles-mêmes subdivisées en disciplines et sous-disciplines, et qu'il fonctionne sous le régime de la disciplinarisation des savoirs et de la spécialisation des connaissances, on peut se demander si celui-ci encourage et soutient la recherche interdisciplinaire ou s'il agit au contraire comme un obstacle à sa réalisation. Quelles sont les conditions-cadres favorisantes ou défavorisantes qui conduisent aux succès – respectivement aux échecs – de l'interdisciplinarité ? Les chercheurs sont-ils satisfaits ou insatisfaits de ces conditions-cadres ?

Pour aborder cette question du cadrage institutionnel, il est intéressant en premier lieu de voir si les chercheurs ont connaissance d'un éventuel ancrage stratégique de l'interdisciplinarité dans l'énoncé de mission de leur structure d'appartenance. La question suivante a été adressée aux 66 participants de notre étude par le biais du Questionnaire : « À votre connaissance, votre institution d'appartenance a-t-elle mis en place un énoncé de mission qui stipule explicitement son engagement à promouvoir la recherche interdisciplinaire ? » (Une seule réponse possible), voir Fig. 2.1 :

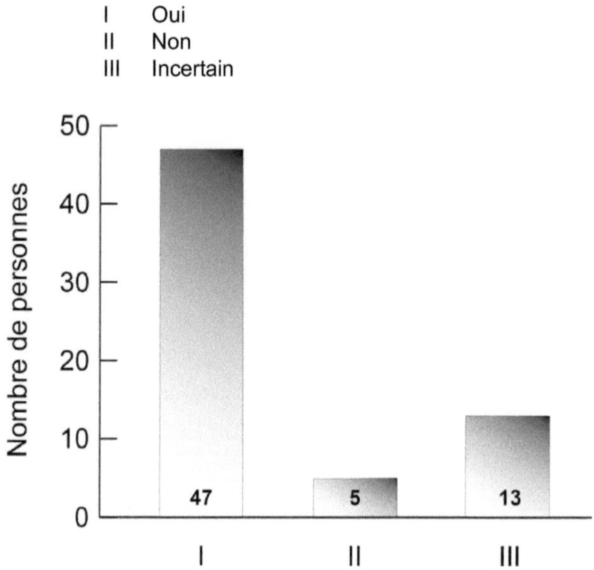

Figure 2.1 Connaissance de l'énoncé de mission interdisciplinaire

La grande majorité des participants-chercheurs (47 sur 65) affirment avoir connaissance de l'inscription explicite de la recherche interdisciplinaire comme un axe d'engagement institutionnel. Ce résultat, sauf pour les chercheurs qui se déclarent incertains[1], est sans doute relativement attendu dans les cas étudiés ici dans la mesure où l'interdisciplinarité fait partie de leur positionnement institutionnel comme indiqué ci-dessus (voir Chp. 1., 1.2). Cependant, lorsque l'on aborde de manière plus fine cette question dans les entretiens et les Focus Groups, l'idée même du cadre institutionnel est interrogée à la lumière des différentes façons d'inscrire l'interdisciplinarité dans les structures universitaires. La nature interfacultaire des Centres, Laboratoires, Plates-formes etc. souvent rattachés au rectorat est largement mise en évidence par les chercheurs. Ils

1 Incertain par rapport à l'existence formelle d'un énoncé de mission interdisciplinaire, comme pour ce chercheur, mais qui est bien conscient de la volonté d'interdisciplinarité : « Je ne suis par contre pas certain de l'existence d'une mission institutionnelle, mais en tout cas une volonté a été déclarée, de mener la recherche d'une manière interdisciplinaire et d'encourager l'interdisciplinarité à l'institut » (C10, Questionnaire).

en font une condition importante, si ce n'est nécessaire, pour permettre la réalisation du travail interdisciplinaire. Ce positionnement interfacultaire occupe un lieu/niveau organisationnel spécifique qui se distingue à la fois des facultés, tout en collaborant de manière plus ou moins harmonieuse avec elles, et de l'université dans son ensemble. Comme le déclare par exemple F4 : « Notre faculté a du mal à s'ouvrir à l'interdisciplinarité. C'est différent pour les instituts et le rectorat » (F4, Questionnaire)[2]. Si l'interfacultaire est ainsi vu comme un lieu privilégié d'interdisciplinarité, celle-ci n'a pas forcément le même statut au niveau des facultés ou de l'université, comme le souligne par exemple ce chercheur :

> ❮ *C'est clairement le cas pour l'institut, mais c'est beaucoup moins clair pour l'université, qui peine à valoriser l'interdisciplinaire.* ❯ (C4, Questionnaire)

Un institut interfacultaire est perçu comme un « instrument nécessaire » ou « facilitateur » de l'interdisciplinarité selon A4, qui tente de créer du lien entre différentes facultés et invite des chercheurs de diverses disciplines à collaborer, même si l'exercice demeure difficile :

> ❮ *Je le ressens, l'institut, comme le lieu où je peux faire de l'interdisciplinarité. Alors que dans les facultés, on est un petit peu chacun dans ses lieux. Donc l'institut comme instrument dans l'université ou instrument nécessaire, ou alors... on va dire facilitateur, parce qu'on dit, on arrête pas de dire qu'il faut être interdisciplinaire. Là, on vient d'engager deux professeurs ces dernières semaines, j'étais dans les deux commissions, c'était chaque fois l'interdisciplinarité, comment envisagez-vous de collaborer avec les autres facultés, ça revenait donc, c'est un souci théorique d'à peu près tout le monde, mais c'est difficile à mettre en pratique ! Tandis qu'un institut comme ça, dans l'université est alors un lieu idéal, parce qu'il est posé entre les facultés, donc forcément qu'il fait intervenir les liens.* ❯ (A4, Entretien)

2 Les locuteurs sont identifiés par une lettre majuscule suivie d'un chiffre de 1 à 10 qui renvoie à leur institution d'appartenance (par ex. A1, B1, C1, [...] pour le cas 1; A4, B4, C4 [...] pour le cas 4; etc.). La mention « Questionnaire » signifie que l'énoncé a été produit dans les réponses aux questions ouvertes ou les commentaires du questionnaire. Les mentions « Entretien » ou « Focus Group » désigneront ces deux autres contextes d'énonciation.

Agir dans l'interfacultaire pour développer les missions institutionnelles liées à l'interdisciplinarité, c'est agir non seulement en faveur de la recherche qui capitalise sur les disciplines tout en les dépassant, mais aussi en faveur d'enseignements interdisciplinaires. Ceux-ci jouent un rôle important de fédération, de socialisation et d'intégration de plusieurs compétences disciplinaires autour de problématiques complexes et ils sont destinés à un public plus ou moins plurifacultaire, pluridisciplinaire et transversal. Ces deux chercheurs en témoignent :

> ❮ *On ne peut pas dire qu'au niveau général, le fédérateur soit la recherche. C'est l'enseignement qui est fédérateur en fait. [...] On sait comment ça fonctionne, mais là nous on apprend beaucoup, même en tant que chercheur, ... c'est par les étudiants qu'on s'ouvre à des relations interdisciplinaires, je dirais comme dans les quartiers, les familles développent des rapports autour des enfants qui sont à l'école. C'est un peu le même schéma. C'est un peu idiot, mais la sociabilité, elle passe par là.* ❯ (E1, Entretien)

> ❮ *Tout à fait, alors moi j'ai envie de dire que d'abord il y a le rêve et l'ambition, après il y a les missions, et puis après il y a le réel. Alors, au niveau du rêve et de l'ambition, je crois qu'on peut dire que la création même du (nom du cas) avait disons, était dans une espèce de « Zeitgeist » qui vante l'interdisciplinarité, mais il ne faut pas oublier que (nom du cas) avait été créé essentiellement pour dispenser des enseignements, coordonner des enseignements, qui devaient être donnés à tous les ingénieurs.* ❯ (C3, Entretien)

Si les missions institutionnelles en matière d'interdisciplinarité se traduisent globalement dans les structures académiques ainsi que dans les activités de recherche et d'enseignement, il n'en demeure pas moins qu'un esprit critique se manifeste chez les chercheurs. Ils constatent un certain décalage entre les discours officiels et la pratique réelle de l'interdisciplinarité qui reste parfois très « marginale » (B4, Questionnaire) : « L'énoncé, oui, la mise en œuvre laisse à désirer » (E1, Questionnaire). La mise en œuvre de l'interdisciplinarité est un défi, elle doit encore et toujours se confronter à la logique disciplinaire qui rétroagit sur le fonctionnement interne des instituts interdisciplinaires et autres structures interfacultaires :

> « *Encore maintenant, enfin à part bon notre institut, mais qui fonctionne pas si bien que ça, ... la plupart des groupes et des départements sont construits sur une logique vraiment disciplinaire.* » (D1, Entretien)

> « *Mieux intégrer l'interdisciplinarité au sein de l'Institut est un défi pour notre groupe de recherche.* » (B1, Questionnaire)

Le soutien du rectorat et la volonté politique de l'université sont souvent considérés comme indispensables afin de renforcer les pratiques de recherche interdisciplinaire, et en particulier dans le cadre des centres et instituts interfacultaires. C'est le cas par exemple pour la création de cet institut interdisciplinaire commet le retrace A2 :

> « *C'est une création de notre recteur, au fond, qui me l'a confiée, avec l'aide d'un vice-président et d'un conseil, dans lequel il n'y a pas tous les représentants des facultés. Donc, il a passé de l'inter-facultaire à l'interdisciplinaire. Et il n'a pas voulu l'ancrer dans une faculté.* » (A2, Entretien)

Cette posture hors des facultés ne génère « naturellement pas uniquement des bons sentiments », elle présente aussi des « désavantages intra-universitaires » (A9, Entretien) face aux forces facultaires centripètes, le « revers de la médaille » en quelque sorte (F4, Entretien). Le pouvoir est encore souvent concentré au sein des facultés (« on dépend du rectorat mais le pouvoir reste dans les facultés » (B4, Entretien)):

> « *Il y a une vraie richesse à faire de l'interdisciplinarité. On a fait des choses que personne d'autre n'aurait pu faire. Mais d'un autre côté, ça a été une faiblesse. [...] Comme on n'est pas facultaire, alors ça a été par exemple le cas pour des carrières, pour des nominations, je ne vous dis pas les difficultés que nous avons eues parce que si le rectorat soutenait, les nominations étaient facilitées. Quand le rectorat ne soutenait pas, la croix et la bannière pour obtenir des moyens, et puis faire nommer les gens !* » (F4, Entretien)

En contrepoint du discours institutionnel, la prise en compte de l'importance de l'interdisciplinarité n'est visiblement pas partagée par tous les chercheurs ou tout simplement pas prise au sérieux :

« *L'inconvénient c'est que, même si on est officiellement au centre de l'université, qu'on dépend du rectorat, mais en réalité … on est en marge.* » (B4, Entretien)

« *La plupart des collègues, dans notre université comme ailleurs, ne croient pas du tout à l'interdisciplinarité. Officiellement il y a un discours ouvert là-dessus, mais c'est pas sérieux, l'interdisciplinarité. C'est bricolage.* » (B4, Entretien)

Il apparaît également que cette difficile reconnaissance de l'interdisciplinarité par rapport à la disciplinarité ne se joue pas uniquement aux niveaux institutionnels des facultés, des instituts ou de l'université, mais qu'elle tient aussi à la nature même du système académique au sens large :

« *Alors, moi je dirais plus généralement, quand je parlais avant des cadres institutionnels, c'est pas du tout (nom du cas), mais je ne pensais pas forcément à l'université, c'est vraiment au niveau institutionnel beaucoup plus large, c'est-à-dire au niveau du système académique aujourd'hui tel qu'il est institutionnalisé au niveau des bourses, au niveau du système de recherche, des universités en Suisse qui est très disciplinarisé.* » (C5, Entretien)

« *Alors, il y a quelques années je pensais au niveau du département, ou même plutôt seulement dans le cadre des relations entre professeurs. Entretemps j'ai réfléchi au niveau de l'Institut (nom du cas), en tant qu'institution ou dans le domaine de l'Institut en général. […]. Donc d'une part … il y a plutôt des réflexions stratégiques … dans l'institution, mais ça dépend de quelle institution je parle, est-ce l'Institut (nom du cas), le domaine de l'Institut, peut-être même le système suisse des hautes écoles ?* » (A6, Entretien)

2.2 Types d'organisation et interdisciplinarité

Comment les chercheurs perçoivent-ils l'organisation de leur institution d'appartenance et en quoi ce type d'organisation est-il plus ou moins favorable à la mise en œuvre de l'interdisciplinarité ? Pour entrer dans le vif du sujet, nous avons posé la question suivante aux participants de notre enquête : « Comment qualifieriez-vous le type d'organisation de votre institution d'appartenance ? » (Plusieurs réponses possibles), voir Fig. 2.2. Cette question est directement suivie de la question complémentaire et ouverte de relance : « Le(s) type(s) d'organisation que vous avez coché(s) ou autre(s) est (sont)-il(s) selon vous favorable(s) au travail interdisciplinaire ? ».

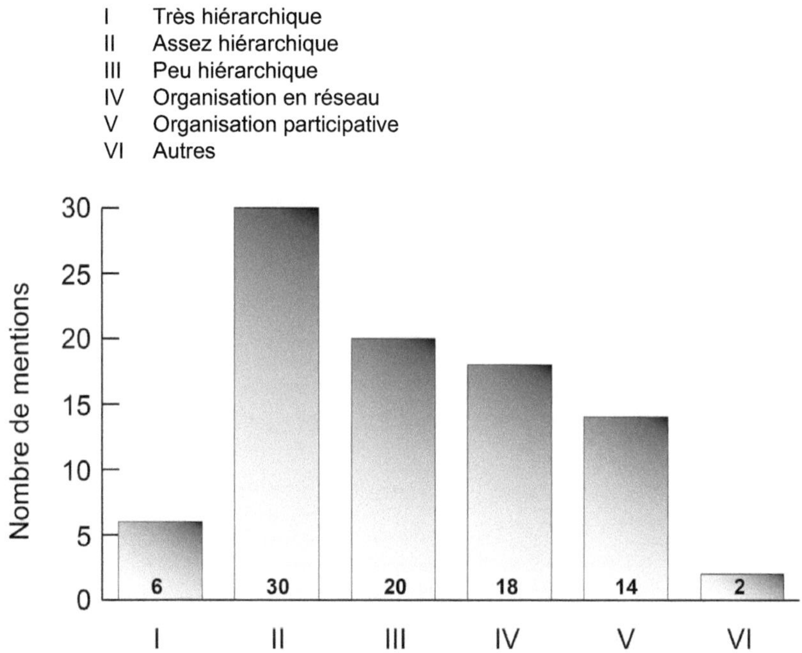

Figure 2.2 Types d'organisation de l'institution d'appartenance

Une majorité de chercheurs qualifient avec modération l'organisation de leur institution d'appartenance comme étant assez hiérarchique. Bien que cette organisation hiérarchique entre un rectorat, des facultés, des départements, des instituts etc. offre une stabilité structurelle et une collégialité dans les processus décisionnels (« L'université est structurée en facultés, instituts et rectorat. À chaque niveau les décisions sont collégiales » (F4, Questionnaire). « Il est important d'avoir des niveaux hiérarchiques pour articuler la complémentarité, mais cela ne doit pas entraver la communication ! » (C4, Questionnaire)), elle est aussi évoquée comme représentant un obstacle au développement de collaborations interdisciplinaires innovantes (« Peu d'ouverture pour les approches innovantes » (D3, Questionnaire)). L'organisation hiérarchique « ne favorise pas réellement l'esprit d'entreprise et le changement de pratiques à un niveau plus large que des petits projets ponctuels » (C5, Questionnaire). Comme le mentionne en effet l'un de nos répondants, « l'interdisciplinarité ne se décrète pas hiérarchiquement. Elle s'encourage et se coordonne » (C3, Questionnaire). Avec nuance, environ un tiers des répondants indiquent aussi qu'ils travaillent dans un cadre organisationnel peu hiérarchique, en réseau et/ou participatif.

> ❮ *L'institut (nom du cas) est structuré de manière à favoriser la collégialité interfacultaire. Nous travaillons beaucoup en réseau avec des chercheurs d'autres pays et régions, et les apports et la participation de tous sont valorisés dans les projets.* ❯ (C4, Questionnaire)

La notion de hiérarchie est également perçue de manière différente selon le niveau organisationnel. Elle est perçue comme relativement forte au niveau facultaire et comme plus souple et avec une plus grande marge de liberté au niveau des instituts ou d'autres structures interfacultaires, ainsi qu'au sein de petits groupes de recherche interdisciplinaire (« Université très hiérarchisée; institut pas très hiérarchique » (G5, Questionnaire)). L'impact de l'organisation hiérarchique est évalué en fonction des situations, des personnes et des disciplines dans « un doux micmac entre une hiérarchie institutionnelle du corps académique très rigide et une grande liberté de recherche » (E1, Questionnaire).

> ❮ *Je le trouve difficile de juger la hiérarchie dans notre institut. Je pense que cette question dépend énormément de la situation et des personnes. En plus il y a plusieurs hiérarchies : entre des rangs académiques (personnes) et entre les disciplines.* ❯ (C10, Questionnaire)

Cette variation dans l'interprétation du lien entre le type d'organisation plus ou moins hiérarchique et le travail interdisciplinaire se retrouve dans le fait que plusieurs des chercheurs interrogés ont souligné avoir eu du mal à se décider entre le Oui et le Non à la question de relance formulée ci-dessus (organisation favorable ou non à l'interdisciplinarité). Ils ont relativisé l'influence plus ou moins favorable du type d'organisation sur l'interdisciplinarité, celle-ci pouvant selon eux être promue au sein d'une structure plus et/ou moins hiérarchique. Ils mettent à nouveau en évidence que ce sont aussi les profils et les personnalités des chercheurs de l'équipe qui favorisent ou ne favorisent pas les collaborations interdisciplinaires. Près de 80% des chercheurs (51 sur 65) indiquent ainsi que le type d'organisation dans lequel ils évoluent est favorable au travail interdisciplinaire. Au-delà d'une quelconque hiérarchie, leur cadre institutionnel est pensé dans une logique de réseau et dans un esprit participatif qui promeuvent la coopération interdisciplinaire entre les chercheurs et les disciplines, et qui valorisent les résultats plus ou moins attendus de la recherche. Paradoxalement, une organisation hiérarchique peut tout aussi être favorable pour la recherche interdisciplinaire, compte tenu de la complexité des différents paramètres qui interagissent (niveaux d'institution, profils et personnalités des chercheurs impliqués, disciplines en présence, logique de réseau et de participation, etc.) :

> « *Oui et non : une organisation hiérarchique, si elle est menée par une personne motivée par le travail interdisciplinaire, sera un type d'organisation favorable au travail interdisciplinaire. On peut penser qu'une organisation en réseau puisse favoriser les rencontres interdisciplinaires, à condition bien entendu que les réseaux ne soient pas trop fermés et imperméables.* » (E2, Questionnaire)

L'organisation institutionnelle plus ou moins hiérarchique, en réseau ou participative est une question de degré. Il faut pouvoir maintenir un degré suffisant de structuration sans pour autant figer la dynamique de collaboration et l'esprit de collégialité entre collègues. La recherche de cet équilibre est particulièrement sensible lorsqu'un institut se développe et que sa taille augmente. Comme l'explique notamment D10, la taille de son institut a triplé en 15 ans. Cette importante croissance a nécessité l'adoption d'une forme plus hiérarchique qu'auparavant, mais tout en maintenant un type d'organisation très collégial :

> « *Nous avons grandi en 15 ans de 200 à presque 600 collaborateurs et nous avons dû mieux nous structurer, et aussi établir une hiérarchisation. Malgré cela il y a toujours un esprit collégial entre les collaborateurs.* » (D10, Questionnaire)

Dans le même ordre d'idée, un institut de très petite taille n'est pas épargné par la recherche d'une concordance entre hiérarchie et collaboration : s'il existe bien une direction officiellement au sommet de la hiérarchie, tous les membres de l'institut n'en sont pas moins impliqués dans les prises de décisions les concernant : « Clairement, un petit institut avec un directeur distinct. Les collaborateurs peu nombreux sont quand même considérés dans toutes les décisions dans leurs domaines respectifs » (E6, Questionnaire).

2.3 Soutien institutionnel et satisfaction/insatisfaction des chercheurs

On peut considérer que l'institution influence de manière plus ou moins forte le développement des recherches interdisciplinaires. Pour préciser cette considération générale, la question suivante a été formulée : « Quel impact votre institution d'appartenance a-t-elle sur votre capacité à travailler de manière interdisciplinaire ? ». Les chercheurs cochent une réponse possible parmi les cinq propositions, voir Fig. 2.3 :

I L'institution favorise de manière importante le développement de mes recherches interdisciplinaires
II L'institution favorise le développement de mes recherches interdisciplinaires
III L'institution est neutre et n'a pas d'effet sur le développement de mes recherches interdisciplinaires
IV L'institution entrave le développement de mes recherches interdisciplinaires
V L'institution entrave de manière importante le développement de mes recherches interdisciplinaires

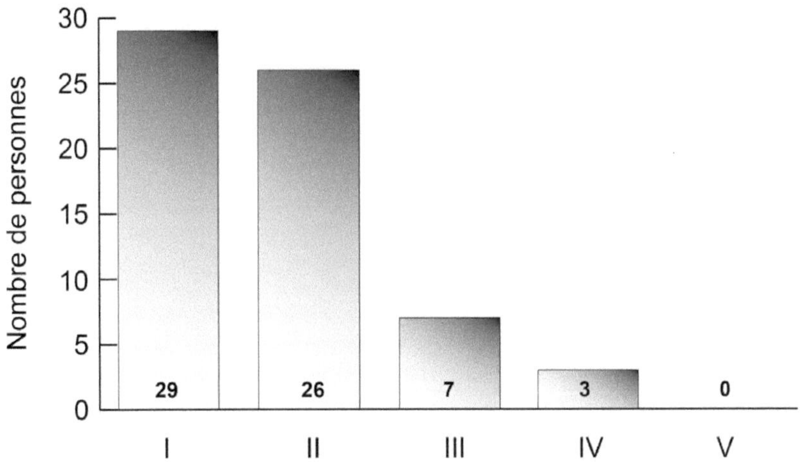

Figure 2.3 Soutien institutionnel de la recherche interdisciplinaire

La grande majorité des chercheurs (55 sur 65 personnes) estiment que leur institution d'appartenance favorise le développement de leurs recherches interdisciplinaires. Le soutien institutionnel passe par de nouveaux soutiens financiers pour le développement de projets à vocation interdisciplinaire (« Disponibilité de fonds (seed money) » (C3, Questionnaire)), l'encouragement d'enseignements transversaux à plusieurs disciplines et la mise en place de lieux de rencontres interdisciplinaires (« De nombreuses initiatives ont été prises tant dans l'enseignement que dans la recherche pour favoriser l'interdisciplinarité » (C2, Questionnaire)). Il faut également souligner l'émergence de profils de postes académiques interdisciplinaires, même si leur nombre reste relativement limité en comparaison avec les profils disciplinaires et qu'ils offrent encore pour l'instant un statut plutôt exceptionnel : « Mon poste est officiellement interdisciplinaire. En ce sens, je suis privilégié » (B4, Questionnaire). Si les chercheurs reconnaissent globalement que leur institution d'appartenance favorise l'interdisciplinarité, ils relativisent également cet impact institutionnel en rappelant notamment que l'interdisciplinarité est aussi et peut-être avant tout une affaire de personnes : « Davantage qu'un encouragement de l'institution, c'est certains participants de l'institution qui favorisent les rencontres interdisciplinaires » (E2, Questionnaire). C5 par exemple insiste sur cette implication personnelle dans le travail interdisciplinaire mené dans une logique de démarche par projets hors les murs de l'université : « L'institution le favorise mais c'est davantage mon engagement dans différents projets de recherche hors de l'université et à travers mes démarches personnelles que mon travail est interdisciplinaire » (C5, Questionnaire). En poursuivant encore cette relativisation de l'impact institutionnel, le développement de l'interdisciplinarité en microgroupes de recherche se passe parfois tout simplement de soutien matériel : « Pour l'instant le travail interdisciplinaire que j'ai engagé a été fait avec un ou une collègue, ou avec un petit groupe autonome qui ne demandait pas de soutien particulier de l'institution » (F3, Questionnaire). Notons enfin que – bien qu'une minorité de chercheurs le mentionnent ici – l'institution peut aussi avoir un contre-effet sur les pratiques interdisciplinaires par son manque d'incitation à la collaboration entre les disciplines et plus particulièrement entre les différents champs scientifiques représentés au sein d'un même institut : « Peu/aucune incitation à faire collaborer les sciences sociales et naturelles au sein de l'(nom de l'institution) » (D1, Questionnaire).

Que le soutien institutionnel soit jugé plus ou moins favorisant/défavorisant, on perçoit au travers des commentaires des chercheurs que leur degré de satisfaction semble varier par rapport aux conditions-cadres d'exercice de leurs activités. Les réponses à la question suivante sont susceptibles d'apporter quelques éclairages : « Êtes-vous satisfait des conditions-cadres offertes par votre institution d'appartenance pour réaliser vos recherches interdisciplinaires ? » (Une seule réponse possible), voir Fig. 2.4 :

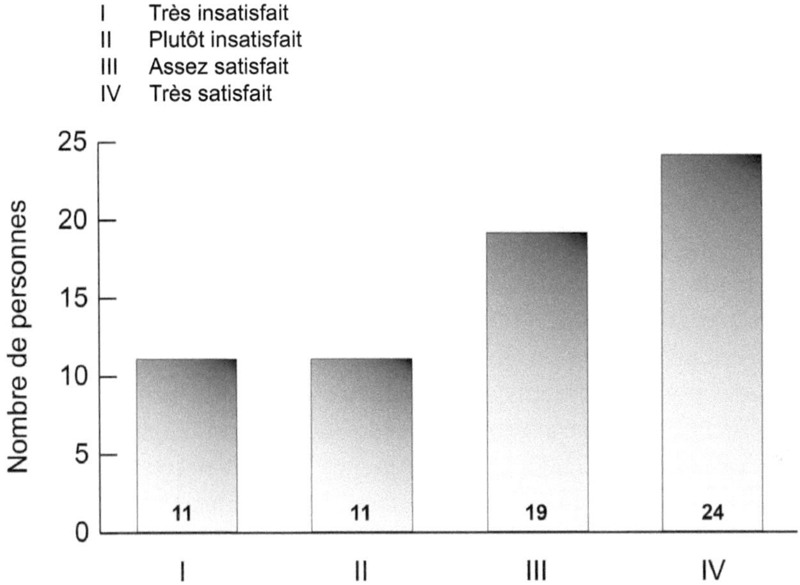

Figure 2.4 Degré de satisfaction par rapport aux conditions-cadres institutionnelles

Deux tiers des chercheurs se disent très ou assez satisfaits des conditions-cadres offertes pour la réalisation de leurs recherches interdisciplinaires. 22 chercheurs sur 65 affichent au contraire une insatisfaction plus ou moins ferme. Celle-ci est fortement motivée par le constat du manque de création effective de postes académiques réellement interdisciplinaires, alors même que l'institution entend par ailleurs favoriser l'interdisciplinarité. Le propos de C4 est à ce sujet tout à fait symptomatique : « Le (nom du cas) favorise le croisement des disciplines et des savoirs dans toutes les recherches. Du côté de l'université, il y a peu d'investissement dans les postes de recherches » (C4, Questionnaire). De plus, comme le déclare D2, s'il y a bien un soutien institutionnel, il demeure minime et localisé :

> « *Ben le soutien, c'est déjà rien que j'aie un poste, mais c'est un poste pour une structure, alors… de mon point de vue personnel, il y a un soutien, mais après … pour la recherche plus générale, il y a très peu de moyens en fait institutionnellement ! Après nous, on peut trouver des fonds de recherche, des choses comme ça. Mais finalement, institutionnellement, si l'on regarde assez globalement, il y a un poste quoi ! Donc c'est pas non plus énorme.* » (D2, Entretien)

Au-delà des discours et des actions institutionnelles, il semble que ce soit bien la place et le devenir du chercheur ouvert à l'interdisciplinarité qui préoccupent les esprits. L'interdisciplinarité est-elle un luxe, un privilège pour des professeurs en fin de carrière qui n'ont plus à jouer leur rôle dans des positionnements disciplinaires ou peut-elle être au cœur de la construction d'une trajectoire académique dès son origine ? L'idée que pour un jeune chercheur tout commence ou doit nécessairement commencer par la spécialisation est tenace. B4 fait ainsi clairement primer la discipline sur les qualités interdisciplinaires, qui pourront être certes développées, mais plus tard :

> « *Quand on recrute un professeur, on ne peut pas le recruter sur des qualités interdisciplinaires, parce que ça, ça vient plus tard. Voilà. Si on recrute quelqu'un qui est jeune, il faut qu'il soit bien spécialisé dans… bien discipliné. C'est ça.* » (B4, Entretien)

Cet état de fait, fondé sur une croyance bien ancrée de la prévalence de la discipline sur l'interdisciplinarité, a visiblement été intériorisé par les jeunes chercheurs qui se montrent très lucides par rapport à une interdisciplinarité qui serait un frein et qui aurait peu d'intérêt quant à l'évolution de leur carrière académique : « Et puis, il y a une logique de carrière. Parce que les collègues, surtout les jeunes collègues bien entendu, savent que l'interdisciplinarité, pour l'instant, ne paie pas ! » (F4, Entretien). Les logiques de recrutement et d'évaluation des chercheurs vont dans ce sens dans la mesure où « la logique selon laquelle actuellement les professeurs sont choisis et évalués, va carrément à l'encontre de l'inter- et transdisciplinarité, ce qui mène à des dilemmes qui vont toujours à l'encontre de cette dernière. […] Un professeur va toujours diriger un centre vers la discipline et la production de publications » (A6, Entretien). Si un profil disciplinaire de base est posé comme fondamental avant toute entreprise interdisciplinaire et ceci même pour les plus indisciplinés parmi les chercheurs interdisciplinaires, il n'en demeure pas moins crucial de réfléchir à un rééquilibrage de cette tension entre disciplinarité et interdisciplinarité dans les plans de carrières des jeunes chercheurs et dans l'intérêt de la relève académique : « c'est plutôt pour la relève où il faut aussi vraiment un peu réfléchir : comment promouvoir la relève de manière disciplinaire et interdisciplinaire » (A5, Entretien).

2.4 Des ressources pour la recherche interdisciplinaire

Le soutien à la recherche interdisciplinaire ne se traduit pas uniquement dans des énoncés de mission institutionnelle et des dispositifs organisationnels, il passe aussi par des ressources spécifiquement attribuées à l'interdisciplinarité. De quelle nature sont ces ressources et répondent-elles aux attentes des chercheurs ? La question suivante leur a été adressée : « À votre connaissance, votre institution d'appartenance fournit-elle les ressources supplémentaires suivantes, afin de soutenir la recherche interdisciplinaire ? » (Plusieurs réponses possibles), voir Fig. 2.5 :

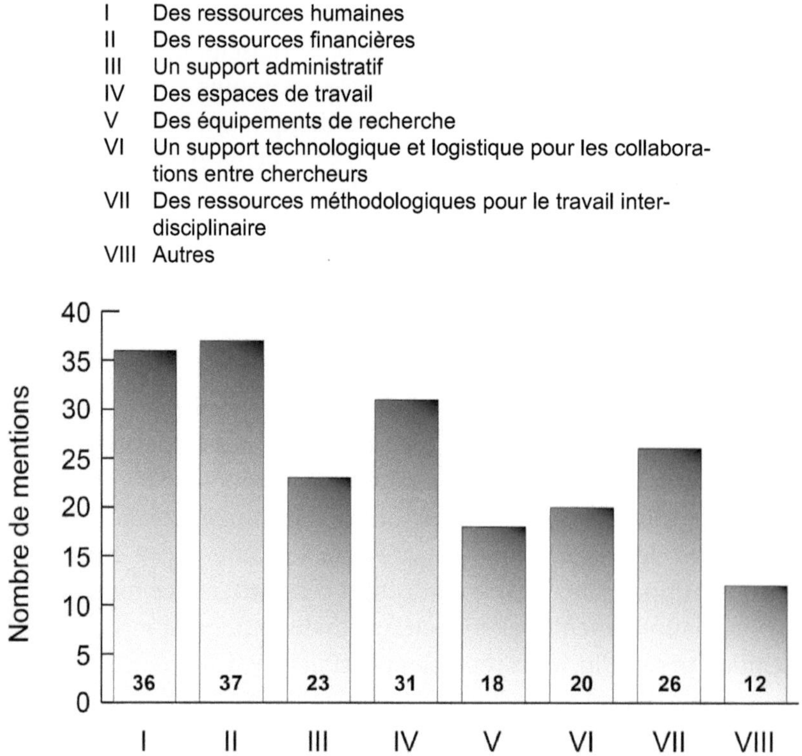

Figure 2.5 Ressources pour la recherche interdisciplinaire

Avec des variations dans le nombre de mentions, les chercheurs indiquent la mise à disposition de toutes ces ressources en faveur du développement de la recherche interdisciplinaire. Si l'importance des ressources financières internes à l'institution est clairement soulignée (« Concrètement, le budget augmente chaque année, donc je crois que ça traduit bien l'aspect budgétaire et puis il y a aussi l'inscription dans le plan stratégique » (A3, Entretien)), il faut préciser que les chercheurs évoquent aussi la nécessité et la forte présence de financements externes qui leur procurent une certaine indépendance pour construire leur propre « niche » d'opportunité au sein de l'institution :

> « *Donc dans le cadre de cette niche, il y a des meneurs qui ont les mêmes intérêts... on est en fait très coopératifs et en relation étroite dans le groupe, et on se procure des opportunités avec des moyens tiers.* » (A8, Entretien)

L'accès à ces autres sources de financement offre certes une marge de liberté dans la réalisation d'objectifs de recherche interdisciplinaire, mais il soumet dans le même temps les chercheurs à des logiques de projet à fortes contraintes temporelles et productives, comme en témoigne C4 :

> « *On travaille depuis quelques années beaucoup plus, on n'a pas le choix, avec des logiques de projets, ce qui veut dire qu'on se retrouve avec des « deadlines » imposées de l'extérieur, pour organiser du temps de travail autour de la création de projet.* » (C4, Focus Group)

La disponibilité de ressources humaines de qualité est également considérée comme un facteur important pour le développement de la recherche interdisciplinaire. Dans cette perspective, l'ouverture à l'internationalisation de la recherche et à la circulation des chercheurs est une réelle plus-value : « Notre équipe est régulièrement enrichie par la présence de stagiaires et doctorants venus de l'étranger et dont les recherches élargissent les horizons de nos travaux » (C4, Questionnaire). Afin de faciliter l'expression de ces qualités humaines au service de l'interdisciplinarité, la mise à disposition d'espaces de travail dynamiques et d'équipements de recherche adéquats permet de catalyser les échanges et les collaborations dans une perspective de libre circulation des savoirs. À ce titre, B9 considère son institut d'appartenance comme un lieu d'échanges entre les chercheurs de différentes disciplines qui mettent à disposition leurs « connaissances » en particulier dans le « domaine des méthodes » et auxquels « on peut demander conseil » (B9, Entretien). Plusieurs instituts mettent également en place des rencontres scientifiques régulières dans le but d'améliorer l'intercompréhension entre les chercheurs de différentes disciplines et favoriser les collaborations interdisciplinaires. Voici l'exemple relaté par A5 :

> « *Nous avons ce qu'on appelle les rencontres scientifiques. C'est une fois par mois et c'est justement là aussi où … souvent les doctorants ou autres chercheurs du (nom du cas) présentent leurs travaux et on en discute. Donc on a aussi, je dirais, un petit espace pour justement les discussions interdisciplinaires. […]. Donc c'est vraiment là, je pense, où l'interdisciplinarité est mise en route aussi pour les doctorants. Mais nous n'avons pas un programme doctoral commun pour (nom du cas).* » (A5, Entretien)

Dans la même veine, C6 évoque sa participation à des formations et des séminaires spécifiquement dédiés à l'interdisciplinarité : « par exemple, à la fin de mon doctorat j'ai participé à une winter school ("science meets practice") organisée par (nom du cas). […]. Je dirais même que l'interdisciplinarité est vraiment mise en évidence » (C6, Entretien). Ces opportunités de formation interdisciplinaire, souvent bien intégrées dans les programmes universitaires, permettent aux chercheurs de développer leurs compétences polyvalentes et leur potentiel d'hybridation entre les disciplines. Dans cette optique, les outils technologiques jouent désormais un rôle nouveau et original dans la connexion entre chercheurs comme l'exprime par exemple G3 :

> « *La personne avec qui je collabore le plus maintenant et avec qui j'ai le plus d'échanges en termes académiques, c'est un historien de l'université, que j'ai rencontré sur Twitter ! Donc voilà en fait c'est vraiment ni mon institut, ni la faculté, ni l'université qui nous ont permis de nous rencontrer, mais il a fallu en fait qu'on diffuse nos travaux dans un cadre local, pour réaliser en fait qu'on avait des intérêts communs et finalement commencer une collaboration.* » (G3, Entretien)

Inversement, certains chercheurs comme C3 regrettent le manque de lieux de partage et d'outils de travail interdisciplinaire. Que ce soit dans le monde physique ou dans le monde de la communication virtuelle, « il n'y a pas de lieu » (C3, Focus Group) et la collaboration interdisciplinaire devient l'occasion de « recréation d'un lieu » plus institutionnalisé pour le partage de ressources. Même si les ressources en faveur de l'interdisciplinarité sont globalement évaluées de manière positive, on voit aussi poindre certaines critiques qui révèlent un manque de ressources et une série de problèmes qui en découlent. Le manque chronique d'enseignement et de formation à l'interdisciplinarité (aux niveaux master, école doctorale, programme de formation postgrade) est ainsi régulièrement relevé par les chercheurs. Ce constat entre en écho avec la difficulté rencontrée lorsqu'un chercheur souhaite se déployer dans une carrière académique interdisciplinaire : les profils de postes interdisciplinaires permanents demeurent plutôt rares. Selon A2, la plupart des chercheurs font de l'interdisciplinarité en « *freelance* », ils doivent systématiquement « aller chercher les forces, les ressources » (A2, Entretien) et au final cette charge de travail supplémentaire et volontaire n'est pas valorisée institutionnellement. Face à ce besoin de valorisation, C2 pense que « l'avenir c'est la création de centres transversaux, transfacultaires » et que pour ce faire les chercheurs devraient par exemple avoir « une décharge d'un certain nombre de pourcents dans leur cahier des charges pour travailler dans cette structure interdisciplinaire » (C2, Entretien).

Un ensemble de ressources financières, humaines, matérielles et logistiques est bien à la disposition des chercheurs qui s'engagent dans l'interdisciplinarité. Néanmoins, ces ressources sont aussi au cœur d'enjeux stratégiques pour la défense légitime des territoires disciplinaires qui doivent se maintenir (« s'auto-entretenir », A4, Entretien) et se développer dans une logique souvent opposée à l'ouverture interdisciplinaire dans laquelle « chaque discipline aurait la tendance à retirer la couverture à elle » (A4, Entretien). Les rapports de rivalité et de force pour la captation des ressources se rejouent dans la tension entre cloisonnement disciplinaire et interdisciplinarité. Dans cette dynamique, les replis disciplinaires d'autoprotection ne sont pas favorables au développement d'une culture interdisciplinaire, comme en témoigne entre autres E1 :

> ❮ *Non, c'est difficile et c'est très conflictuel. Parce qu'il y a des enjeux financiers là-dedans, il y a des enjeux de publication… Et ça reste encore, chez nous, assez cloisonné. Bon, il y a des qualités de travail aussi très différentes, il y a des groupes qui survivent mieux que d'autres, qui font des alliances stratégiques à certains moments, donc d'autres se sentent prétérités dans l'affectation des ressources, hein, que ce soit le nombre de postes d'assistants, le budget pour l'informatique […]. Donc, il y a des enjeux de pouvoir et d'appropriation des ressources qui font que c'est très difficile.* ❯ (E1, Entretien)

Finalement, bien que « les ressources existent » et que leur fédération demande « beaucoup d'énergie » (C5, Questionnaire), il faudrait par contre les mettre véritablement en phase avec la nécessité largement reconnue d'aborder la complexité des problèmes dans une perspective interdisciplinaire :

> *Même si plus personne ne remet en cause le fait que l'immense majorité des problèmes qui sont traités au niveau académique sont considérés comme complexes, de nature complexe, nécessitent véritablement ce type d'approche. Mais alors, on a fait la reconnaissance de cette nécessité, mais on a, à mon avis, pas encore mis les moyens, ni institutionnels, ni financiers ou autres, au service de cette complexité.* (D1, Focus Group)

Points forts

→ La nature interfacultaire des Centres, Laboratoires, Plates-formes etc. est vue par les chercheurs comme une condition importante si ce n'est nécessaire pour permettre le travail interdisciplinaire.

→ Les chercheurs constatent un certain décalage entre les discours officiels et la pratique réelle de l'interdisciplinarité qui reste parfois très « marginale ».

→ Le soutien du rectorat et la volonté politique de l'université sont considérés comme indispensables au renforcement des pratiques de recherche interdisciplinaire.

→ La hiérarchie est perçue comme relativement forte au niveau facultaire et comme plus souple au niveau des structures interfacultaires, ainsi qu'au sein de petits groupes de recherche interdisciplinaire.

→ Les chercheurs relativisent l'impact institutionnel en rappelant que l'interdisciplinarité est aussi et peut-être avant tout une affaire de personnes.

→ Malgré une certaine satisfaction affichée, les chercheurs relèvent le manque de création de postes académiques réellement interdisciplinaires, alors même que l'institution entend par ailleurs favoriser l'interdisciplinarité.

→ Il convient de réfléchir à un rééquilibrage de la tension entre disciplinarité et interdisciplinarité dans les plans de carrières des jeunes chercheurs et dans l'intérêt de la relève académique.

→ Les rapports de rivalité et de force pour la captation des ressources financières, humaines, matérielles et logistiques se rejouent dans la tension entre disciplinarité et interdisciplinarité.

CHAPITRE 3

Chercheurs interdisciplinaires : motivation, identité et trajectoire académique

3.1 De la diversité des motivations : effet générationnel et rapport à la discipline

La réalisation d'une recherche interdisciplinaire ne dépend pas uniquement de conditions-cadres institutionnelles et organisationnelles ou de ressources humaines ou matérielles, elles demandent aussi de la part des chercheurs une motivation chevillée au corps. Comme dans tout exercice de création scientifique (Viau, 2007), la motivation est un élément essentiel des rouages du travail interdisciplinaire. Pour entrer dans le vif du sujet, les chercheurs ont été invités à répondre à cette question : « Quelle(s) est (sont) votre (vos) principale(s) motivation(s) à vous engager dans une recherche interdisciplinaire ? » (Plusieurs réponses possibles), voir Fig. 3.1.

L'engagement des chercheurs dans la recherche interdisciplinaire est motivé en premier lieu par le besoin de répondre à et de résoudre des problèmes de recherche et des besoins sociaux et concrets (III) qui ne peuvent être traités à partir d'une seule discipline (VI). C5 est par exemple très explicite à ce sujet : « Toutes les réponses me semblent pertinentes. Mais l'idée fondamentale est bien de dépasser le corpus de compréhension d'une seule discipline pour développer de nouvelle connaissance "méta" dépassant le cadre de disciplines strictes » (C5, Questionnaire). B6 va dans le même sens : « Les éléments cités ci-dessus ont naturellement des degrés différents d'importance. Un point me paraît particulièrement essentiel dans le cadre de mon travail : le traitement de problèmes de recherche, qui ne peuvent pas être abordés par une seule discipline » (B6, Questionnaire). L'importance de ce dépassement du cadre disciplinaire rejoint le désir de produire des connaissances plus globales (II), en développant des synergies par la mise en commun de compétences et de ressources (I). Avec une sensibilité visiblement décroissante, sont également mentionnés la volonté de participer par le travail interdisciplinaire au développement de l'innovation scientifique (IV), à la critique voire la contestation de modèles existantes (VII), ou encore plus modestement à la dynamique d'une communauté scientifique interdisciplinaire en tant que telle (V).

I Développer des synergies grâce à la mise en commun de connaissances, de compétences ou de ressources (humaines, financières, équipements, locaux, etc.)
II Produire des connaissances plus larges/globales que celles élaborées dans mon propre champ disciplinaire
III Répondre à des besoins sociaux ou des problèmes concrets
IV Développer l'innovation scientifique
V M'inscrire dans le courant interdisciplinaire prometteur dans ma communauté scientifique
VI Répondre à des problèmes de recherche qui ne peuvent pas être traités à partir d'une seule discipline
VII Critiquer, voire contester, les modèles de recherche existants
VIII Autres

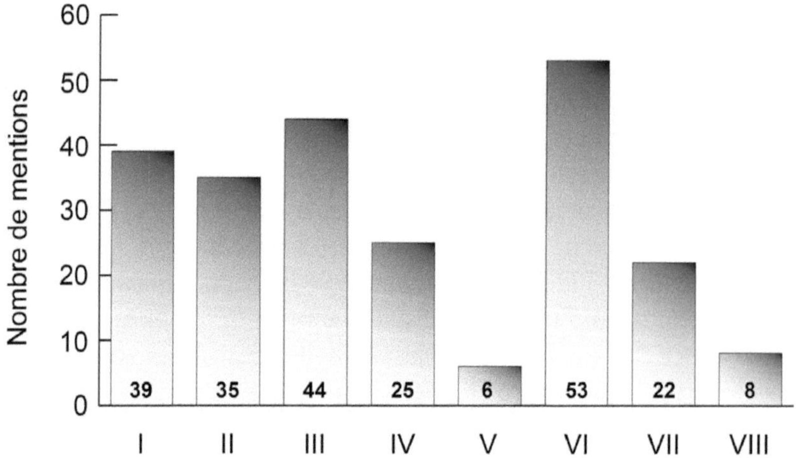

Figure 3.1 Motivations

Comme indiqué ci-dessus, le choix de l'interdisciplinarité sonne comme une réponse à la complexité des problèmes sociaux, environnementaux, sanitaires etc., par nature irréductibles à un seul regard disciplinaire, lequel serait potentiellement aveuglé par une vision trop centripète. Il ne s'agit pas de faire de l'interdisciplinarité en elle-même et pour elle-même, mais de prendre acte que c'est la pertinence de ces problématiques à résoudre qui réclame un croisement des disciplines :

> « *Ouais, alors moi j'ai jamais eu l'impression de vouloir m'engager dans l'interdisciplinarité. Je trouve que j'ai toujours fait des choses à la croisée entre les disciplines, parce que c'était là où c'était le plus pertinent de faire des choses. Ce n'était pas pour faire de l'interdisciplinarité.* » (A3, Entretien)

Cette forme d'interdisciplinarité plutôt pragmatique et orientée en direction du problème (*problem-oriented*) s'organise autour d'une thématique à traiter qui fonctionne comme point d'entrée : on entre concrètement dans l'interdisciplinarité par le problème à résoudre et non par les disciplines au sens strict.

> « *Pour moi, c'est ce qu'on entreprend, ces approches-là et en ayant une thématique. Donc c'est toujours une approche très pragmatique. Un problème donné et ensuite… on le déconstruit. Pour moi ça ne pose pas de problème pour mobiliser des instruments conceptuels dans différentes disciplines.* » (C5, Entretien)

> « *J'ai toujours cherché le rapport avec le problème et les regards des différentes disciplines avaient pour moi toujours un aspect fonctionnel; la question qui était au premier plan : de quelle technique dois-je me servir pour pouvoir contribuer au problème ? C'est pour cela que j'ai une vision très large des sciences sociales – des fois psychologie, des fois sociologie, une fois plutôt des sciences des médias, ou même une fois des sciences politiques.* » (A6, Entretien)

> « *Donc, moi je m'intéresse à des problèmes ! Si tout seul j'y arrive avec mes amis géographes comme dit (nom de G5) je suis très content et tant mieux ! Mais après, je vais chercher les compétences où elles sont. Il y a des compétences spécifiques en géographie sur des questions. Là, je m'intéresse, le projet que je suis en train de monter c'est sur la spatio-psychose. J'ai travaillé avec des médecins, parce qu'il y a des choses que je ne connais absolument pas, où je n'y connais rien ! Et j'ai besoin de ça ! Et ça m'intéresse de travailler ensemble sur quelque chose comme ça. Donc inévitablement, si on s'intéresse à des problèmes – et ce qu'on devrait tous faire – et à des questions intéressantes pour la connaissance et pour la société, du coup on fait de l'interdisciplinarité.* » (E5, Focus Group)

L'approche par problème fait sens dans une logique de projet non disciplinaire, elle représente un mode de recherche à part entière dans lequel la relation au terrain est déterminante. Le terrain d'enquête est alors considéré non seulement comme un lieu de collecte de données mais aussi comme un lieu d'élaboration épistémologique et méthodologique qui ouvre le chercheur à l'interdisciplinarité :

> ❮ *Et là, c'est vraiment le terrain qui m'a ouvert à d'autres manières d'aborder méthodologiquement mon sujet et également à cette curiosité disons… de voir les choses sous différents angles épistémologiques et puis, qui m'ont ouvert à l'interdisciplinarité – sachant que je travaillais sur des questions assez classiques.* ❯ (H5, Focus Group)

L'ouverture à l'interdisciplinarité n'est pas nécessairement le résultat d'un choix *a priori* explicite. Elle peut aussi germer progressivement et se transformer en un engagement de plus en plus affirmé. La motivation à s'engager dans une recherche interdisciplinaire est parfois liée aux circonstances et au contexte dans lequel le chercheur exerce son activité. Il n'y a alors pas de revendication d'interdisciplinarité au moment initial du parcours académique et professionnel, mais au contraire une découverte progressive de la pertinence de cette approche à travers les études et les expériences de recherche. B5 en témoigne :

> ❮ *Alors, ce n'était pas un choix spécifique de vouloir faire de l'interdisciplinarité, c'est plutôt par le fait que… déjà pendant mes études, j'ai déjà commencé à m'intéresser à la question des migrations. Alors, c'est autour d'une thématique et l'intérêt de vouloir aborder, regarder, comprendre cette thématique de la façon la plus complète possible ou sous différents angles. Et, de plus, ce domaine […] c'est dès le début ça a été un domaine interdisciplinaire. Alors c'est un peu par ça que… je suis arrivé un peu dans ce domaine, que je me suis retrouvé dans l'interdisciplinarité.* ❯ (B5, Entretien)

Notons encore que les différentes motivations proposées à choix dans la question ci-dessus (voir Fig. 3.1) ne sont bien sûr pas exhaustives et qu'il existe bien d'autres raisons qui sous-tendent l'engagement des chercheurs. Comme l'indique par exemple F3, « la liste ne mentionne pas l'intérêt intellectuel pur et simple, ainsi que le plaisir de travailler avec d'autres collègues » (F3, Questionnaire), motivations en effet tout aussi centrales pour la réalisation du travail interdisciplinaire.

Il est intéressant de poursuivre cette réflexion sur les motivations des chercheurs sous l'angle des différences d'âge. Comme nous l'avons indiqué (voir Chp. 1, 1.4), le critère de l'âge a également été retenu pour la sélection des participants à notre enquête. Le sous-échantillon est donc diversifié sous cet angle (voir Fig. 3.2), la catégorie des jeunes chercheurs étant très bien représentée (entre 25 et 35 ans). Le critère de l'âge a-t-il une influence sur la motivation des chercheurs à s'engager dans la recherche interdisciplinaire ou est-il neutre ? Existe-t-il un éventuel effet générationnel ?

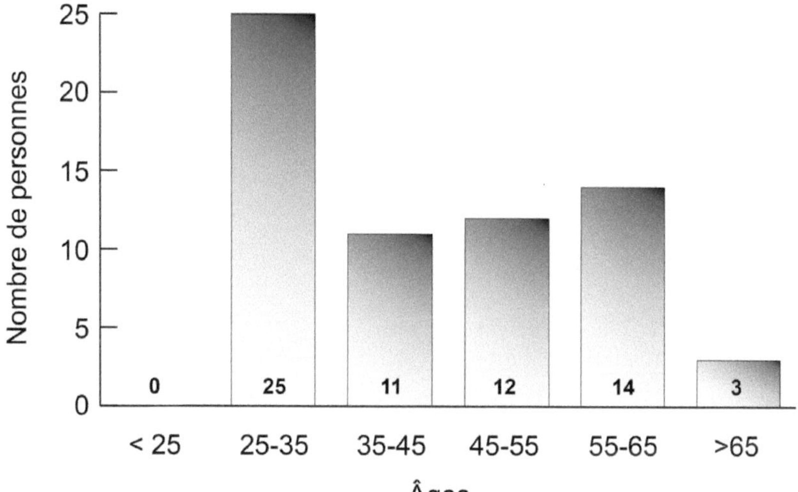

Figure 3.2 Âges du sous-échantillon (N=66)

Une analyse transversale des contenus des entretiens et des Focus Groups ne révèle pas de rupture fondamentale ni de saut générationnel par rapport à l'engagement dans l'interdisciplinarité. Comme nous l'avons déjà signalé (voir Chp. 2, 2.3), si l'interdisciplinarité n'est pas un luxe réservé aux professeurs en fin de carrière, il faut néanmoins bien reconnaître que les jeunes chercheurs demeurent largement confrontés aux impératifs disciplinaires, dont le respect pèse lourd sur leurs futures possibilités de carrière et freine parfois leur enthousiasme à franchir les limites entre les disciplines. Cet enthousiasme est par contre soutenu et entretenu dans une dynamique intergénérationnelle entre jeunes chercheurs et chercheurs confirmés. Guidé par son ou ses mentor(s) aîné(s) qui ont déjà fait le choix et l'expérience de l'interdisciplinarité, le jeune mentoré est impliqué dans un processus académique de socialisation, d'apprentissage et de professionnalisation fondé sur des relations interpersonnelles qui le confortent dans son ouverture au travail interdisciplinaire. Par exemple, D1 et C2 évoquent cette relation de guidance :

> « *Donc, par la force des choses, comme j'étais intégré au groupe, c'était logique de… enfin de mon point de vue, de s'intéresser à ces questions d'interdisciplinarité, surtout que… (nom de A1), c'est un de ses champs de recherche. Donc, il essaie de nous inciter à prendre ça en compte.* » (D1, Entretien)

> « *Donc, j'ai pris pas mal de conseils parce que je voulais quand même garder l'ancrage médical, mais essayer de revenir au médical par un détour, l'histoire m'éloignait trop. Donc, je suis allé voir aux États-Unis quand j'y étais un collègue qui m'a dit « l'idéal pour vous c'est de faire de l'éthique parce que vous pourrez avoir le double ancrage ». Donc, j'ai fait de l'éthique avec une approche plus philosophique.* » (C2, Entretien)

Il semble bien que toute motivation à s'engager dans l'interdisciplinarité, sous quelque forme qu'elle s'exprime, entretienne un lien plus ou moins tendu/distendu avec la disciplinarité (Darbellay & Paulsen, 2011). Afin de mieux affiner la compréhension de cette relation/tension, nous avons questionné les chercheurs sur ce que représente pour eux l'interdisciplinarité au regard de leurs compétences disciplinaires : « L'interdisciplinarité représente pour vous … » (Plusieurs réponses possibles).

Par rapport à leurs compétences disciplinaires, les chercheurs conçoivent assez largement et de manière positive l'interdisciplinarité non seulement comme un complément et une plus-value (voir Fig. 3.3, I et II), mais aussi comme un moyen d'en évaluer les forces et les faiblesses (III), en en faisant même une voie de développement intra-disciplinaire (IV) et non un frein contre-productif (V).

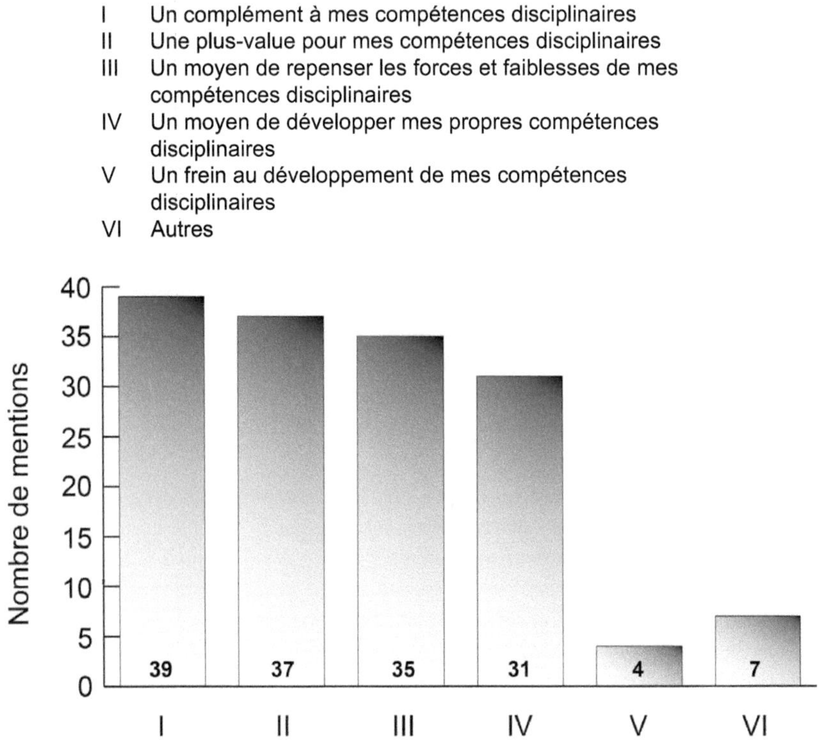

Figure 3.3 Interdisciplinarité et compétences disciplinaires.

À nouveau, l'interdisciplinarité est perçue comme un frein ou un éventuel obstacle surtout sous l'angle spécifique des plans de carrières académiques : « Éventuellement, un frein car souvent les postes/les requêtes etc. sont disciplinaires/disciplinées » (E3, Questionnaire). L'interdisciplinarité est un « défi toujours nouveau et intéressant ! » (C4, Questionnaire) qui, en apparence du moins, ne s'oppose pas au développement des disciplines. Même si certains chercheurs comme F3 ont un rapport conflictuel avec leur propre discipline (« J'ai un rapport conflictuel avec ma propre discipline, la psychologie, que je trouve trop centrée sur l'individu, réductionniste et centrée sur des objets d'étude souvent trop étroits » (F3, Questionnaire)), il n'en demeure pas moins que la précédence de la disciplinarité pour le travail interdisciplinaire est souvent réaffirmée, ici par A1 :

> « *L'interdisciplinarité ne met pas la disciplinarité dans la poubelle. Moi, je dis à mes étudiants qu'on a besoin de la disciplinarité pour faire l'interdisciplinarité ou la multidisciplinarité. Et c'est là, où moi je suis partisan de cette école qui dit qu'on fait l'interdisciplinarité à partir d'une base disciplinaire.* » (A1, Focus Group)

En allant plus loin, la mise en dialogue et l'intercompréhension entre différents points de vue disciplinaires nourrit un regard réflexif sur sa propre discipline :

> « *J'ai en fait constaté à quel point c'est passionnant de regarder depuis différents angles la problématique et qu'on commence même à mieux comprendre sa propre discipline… à travers laquelle s'aperçoit également comment d'autre comprennent la même chose dans leur discipline.* » (B9, Entretien)

> « *Il doit, entre autres, y avoir un lien avec d'autres pensées, théories et problèmes des autres personnes pour que ça devienne fructueux. Et je pense que d'autre part, et ce sont mes convictions et mes intérêts personnels sur lesquels je me suis basé, qu'il y a différentes perspectives sur ce monde, et donc différentes manières d'interpréter des phénomènes, et cela m'a fasciné. Et deuxièmement de se poser la question comment on peut communiquer et se comprendre à travers différentes perspectives.* » (A9, Entretien)

3.2 Des identités en mouvement

La question de la place des chercheurs dans le monde académique et de leur appartenance à l'une ou l'autre communauté scientifique, discipline ou sous-discipline peut être déclenchée en repérant d'abord à quel(s) grand(s) champ(s) scientifique(s) ils se rattachent (Sciences humaines, Sciences sociales, Sciences naturelles, Sciences médicales, Sciences et techniques de l'ingénieur)[1]. « Indiquez votre (vos) champ(s) scientifique(s) d'appartenance » (Plusieurs réponses possibles), telle est la question qui a été posée aux chercheurs.

1 Voir aussi Fig. 1.3, Chp. 1.

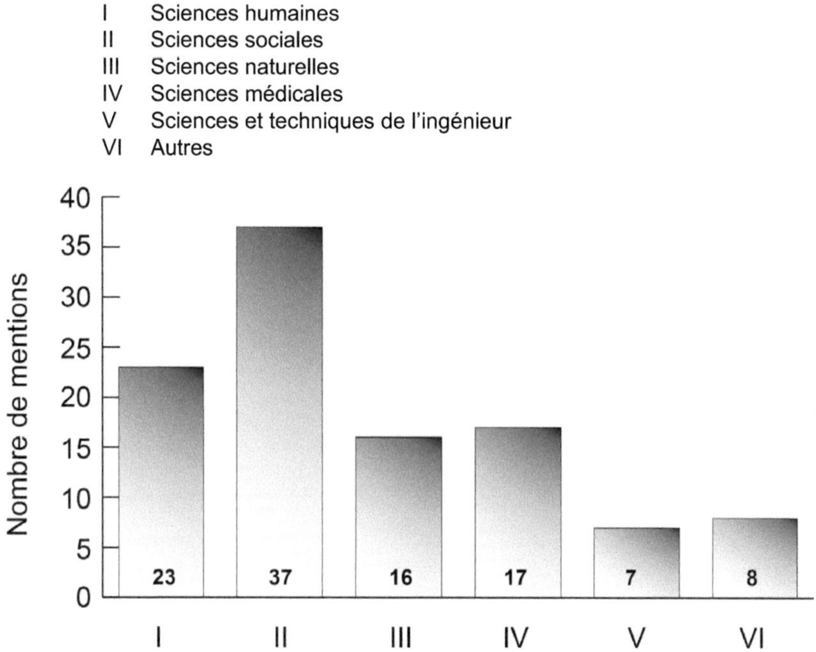

Figure 3.4 Champs scientifiques et appartenance

Bien que les sciences humaines et sociales capitalisent le plus de mentions (voir Fig. 3.4), il est néanmoins très intéressant de relever la représentation variée de la pluralité des champs et partant des cultures scientifiques incarnées par les chercheurs engagés dans le travail interdisciplinaire. Certains chercheurs ont même repris à leur compte la notion de champ afin d'étiqueter, sous la rubrique « Autres », ce qu'ils considèrent comme leur domaine d'appartenance interdisciplinaire (« sciences de la santé », « développement durable », « études sur l'intégration », etc.). En matière de pluralisme et d'hybridité, il est également très instructif d'identifier que si 29 chercheurs disent appartenir à un seul champ scientifique (voir Tab. 3.1), ils sont autant (29) à se réclamer de deux champs scientifiques plus ou moins proches (soit entre les sciences humaines et sociales, soit à l'interface entre celles-ci et les sciences naturelles, médicales ou les sciences et techniques de l'ingénieur). Plus particulièrement encore, 7 chercheurs à se déclarent rattachés à 3 champs scientifiques différents.

Tableau 3.1 Nombre de champs scientifiques par personne

Nombre de champs	Nombre de personnes
Un champ seulement	29
Deux champs	29
Trois champs	7
Quatre champs	0

De manière plus spécifique, nous avons pu établir dans un premier temps les identités disciplinaires de base des chercheurs[2], en se fondant sur une observation indirecte[3] qui a fait l'objet d'une confirmation de leur part. Les ancrages disciplinaires des chercheurs (voir Fig. 3.5) révèlent une prégnance de quatre disciplines (la psychologie, la sociologie, l'anthropologie et la géographie), suivies de près par la médecine et l'épidémiologie. Les autres appartenances disciplinaires se déclinent en un large spectre qui va de l'économie au droit, en passant par la chimie, la biologie, les mathématiques ou encore les sciences de l'éducation. La prédominance des disciplines des sciences sociales et humaines n'occulte pas la pluralité des ancrages disciplinaires (23 disciplines) issus des différents champs scientifiques.

2 Sur ce point et en écho à ce chapitre, voir l'article : Paradoxe identitaire et interdisciplinarité : un regard sur les identités disciplinaires des chercheurs (Sedooka, Steffen, Paulsen & Darbellay, 2015).

3 Voir Chp. 1, 1.4 et 1.5, ainsi que Fig. 1.8 pour les appartenances disciplinaires de l'échantillon total.

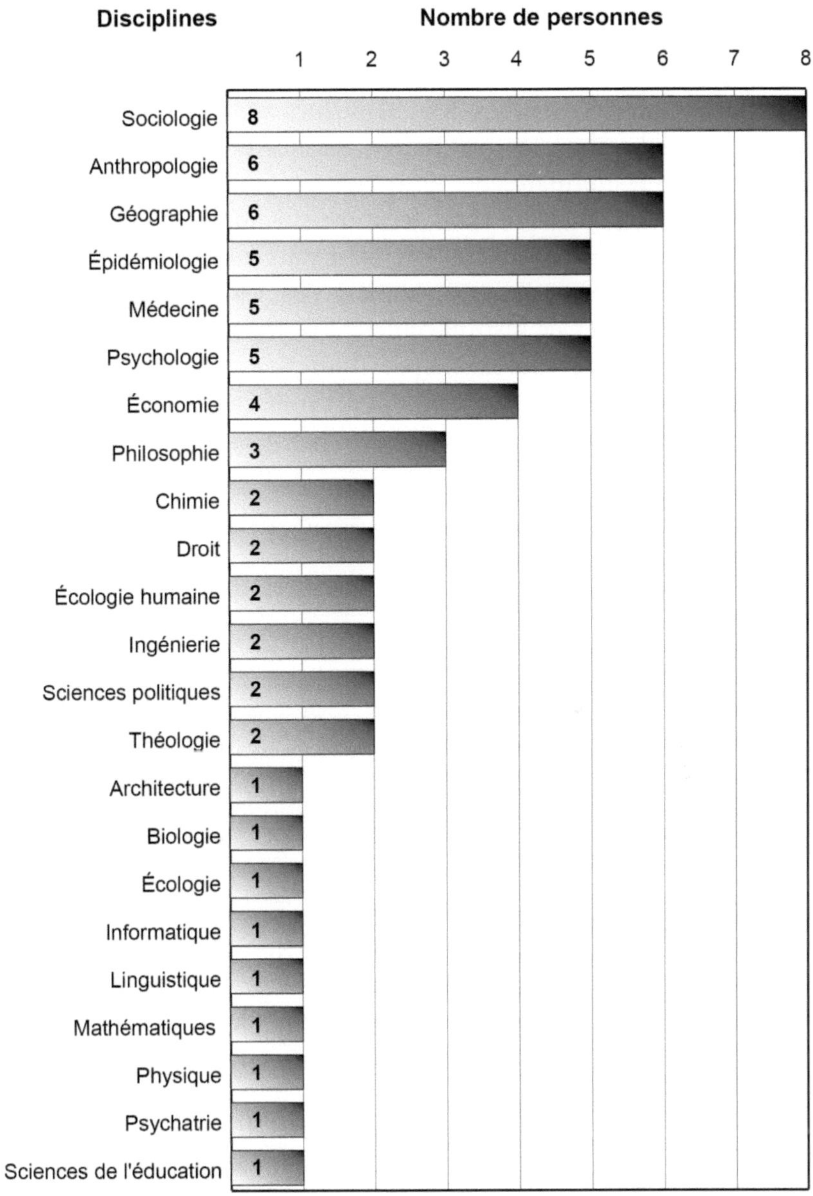

Figure 3.5 Identités disciplinaires (N=66)

Dans cette première phase, il est aisé d'identifier une identité disciplinaire principale pour chaque chercheur. Cette prétendue existence d'une identité disciplinaire figée à un moment et en un lieu donné est toutefois interrogée lorsque les chercheurs sont conviés à y réfléchir dans une démarche plus qualitative, via des questions ouvertes dans le cadre du questionnaire, des entretiens et des Focus Groups. Comme nous le verrons en détail dans le point suivant (3.3), la question de l'identité disciplinaire est en effet bien plus complexe et dynamique que ce que laissent paraître, à première vue, les marquages d'appartenance académiques et institutionnels. Les réponses apportées à cette question ouverte du questionnaire (« Indiquez votre (vos) discipline(s) principale(s) actuelle(s) ») proposent déjà une amorce qui nuance l'idée d'une identité mono-disciplinaire (voir Tab. 3.2).

Tableau 3.2 Nombre de disciplines principales par chercheur

Disciplines principales	Nombre de personnes
Une discipline principale	31
Deux disciplines principales	18
Trois disciplines principales	9
Quatre disciplines principales	7

Si cet exercice d'autoréflexion confirme que presque la moitié des chercheurs (31 sur 65) indiquent une seule discipline principale, il révèle par contre qu'une partie substantielle de chercheurs (18) mentionnent une double appartenance disciplinaire, qu'ils sont neuf à se réclamer de trois disciplines et sept de quatre disciplines, témoignant par-là de l'émergence d'identités multiples. La complexité du processus d'autodétermination de l'identité une ou multiple d'un chercheur entre également en écho avec la plus ou moins grande densité du réseau de collaboration que celui-ci entretient avec d'autres disciplines. À ce titre, la question suivante a permis de pousser plus loin la réflexion (voir Fig. 3.6) : « Dans la liste suivante de disciplines, mise à part votre discipline principale, indiquez la (les) discipline(s) avec laquelle (lesquelles) vous collaborez généralement dans vos recherches interdisciplinaires » (Plusieurs réponses possibles).

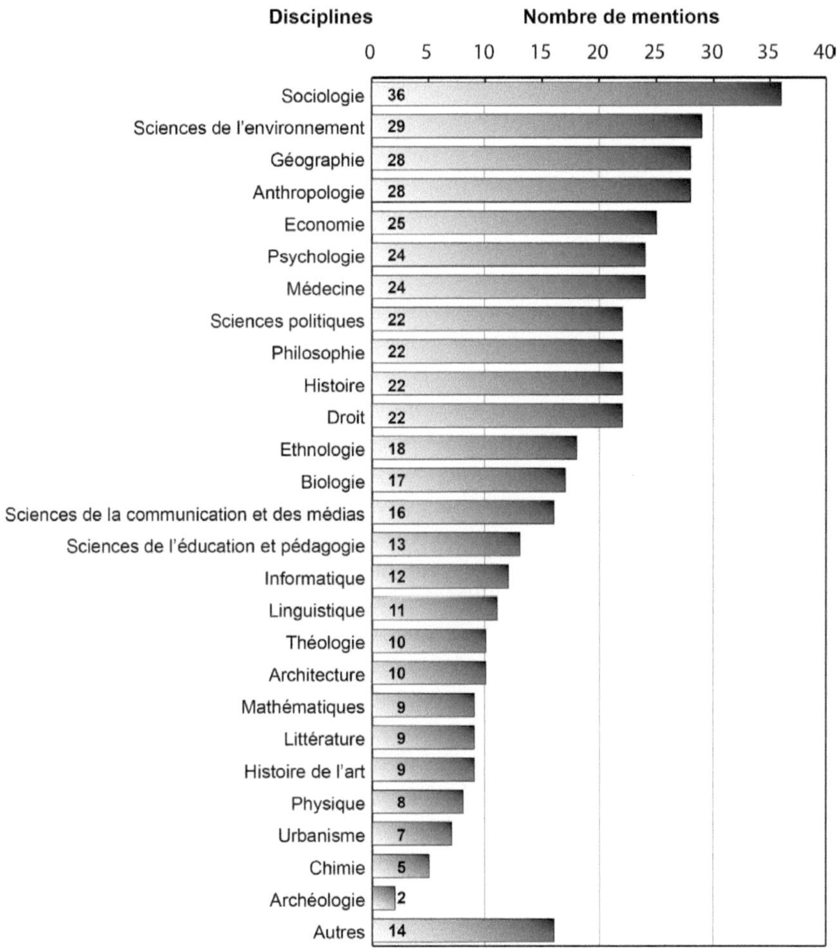

Figure 3.6 Collaborations interdisciplinaires

À la diversité des ancrages disciplinaires des chercheurs (des disciplines-sources) répond un réseau de collaboration de disciplines-cibles tout aussi diversifié (voir Fig. 3.6). Avec des variations dans le nombre de mentions (de 2 à 36), une série de disciplines-cibles sont pointées plus de vingt fois : la sociologie (36), les sciences de l'environnement (29), l'anthropologie (28), la géographie (28), l'économie (25), la médecine (24), la psychologie (24), l'histoire (22), le droit (22), les sciences politiques (22) et la philosophie (22). Passé cette mesure quantitative, reprenons la lecture du point de vue des disciplines-sources de manière à voir si les chercheurs appartenant à la même discipline indiquent des réseaux de collaboration identiques ou différents. Prenons l'exemple des six anthropologues de notre sous-échantillon (A5, B5, C10, C4, G9, E8) et schématisons leur réseau de collaboration interdisciplinaire respectif. La figure 3.7 montre que chaque chercheur (l'anthropologie comme discipline-source étant notée au centre) mentionne une série de disciplines-cibles dont globalement le nombre (de 1 à 7) et la variété (du droit à la géographie, en passant par l'épidémiologie) diffèrent, mises à part quelques récurrences non systématiques[4]. Si chaque anthropologue est présupposé proche de ou identique à ses collègues par l'appartenance à une même catégorie disciplinaire, chacun se montre par contre très différent au travers des regards disciplinaires qu'il mobilise dans une dynamique collaborative.

4 La géographie comprend ses deux variantes (humaine et physique), c'est pourquoi elle est indiquée comme relavant des sciences humaines et des sciences naturelles.

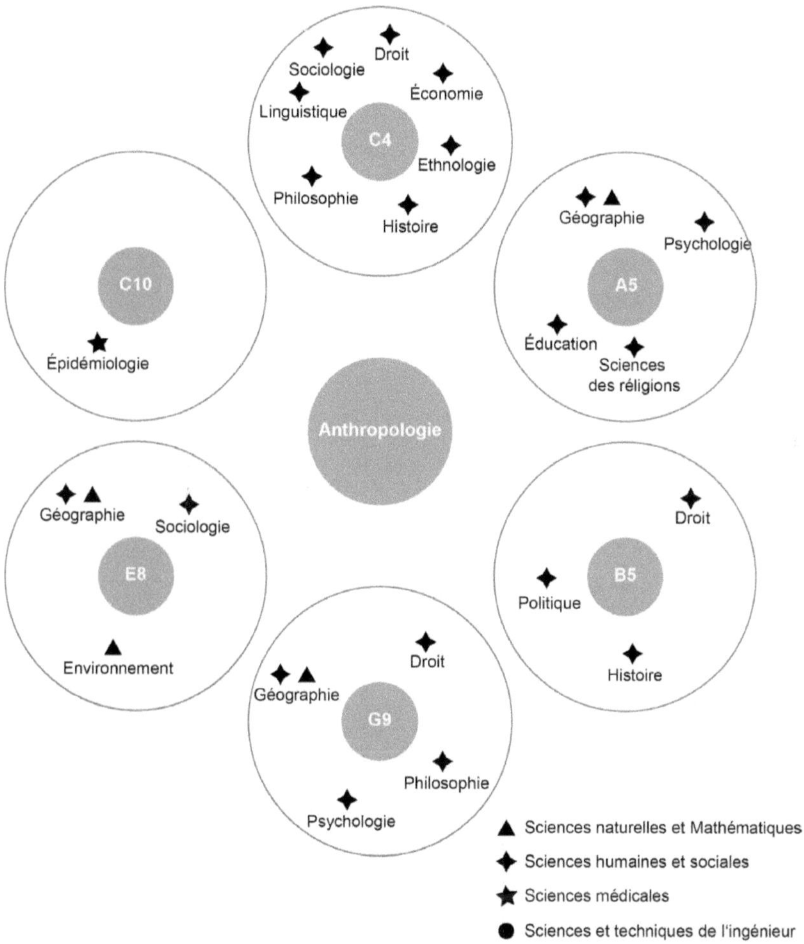

Figure 3.7 Anthropologie et collaborations interdisciplinaires

Cet exercice de schématisation des profils disciplinaires sous l'angle de la collaboration interdisciplinaire a été effectué pour les 65 répondants à notre questionnaire. Nous ne pouvons tous les présenter dans les limites de cet ouvrage, mais la leçon est parfaitement claire : pour chaque discipline-source, chaque profil est unique et cette grande diversité de profils est représentée au sein de chaque groupe de chercheurs dans une même structure institutionnelle. Les chercheurs en médecine (B2, D3, D10, E7, F7) en offrent une nouvelle illustration (voir Fig. 3.8), avec soit une plus grande mixité dans les collaborations transdisciplinaires au-delà des seules sciences humaines et sociales, soit des profils plus monoculturels du point de vue des champs scientifiques (F7 ou B2) comme la plupart des anthropologues dans la figure 3.7.

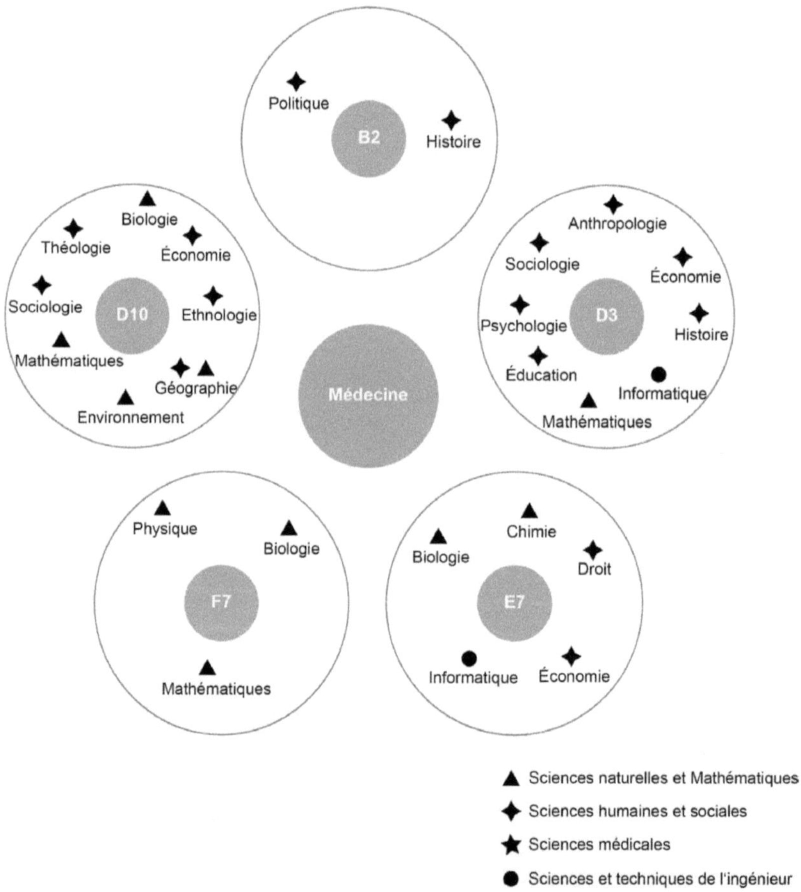

Figure 3.8 Médecine et collaborations interdisciplinaires

3.3 Profils types : identités disciplinaires et interdisciplinaires

Forts du constat de la mobilité des identités de chercheurs, nous avons alors tenté de repérer différents profils types, allant de la revendication d'appartenance à une seule discipline à des profils plus interdisciplinaires, voire même indisciplinés[5]. Il va de soi que cette typologie n'a pas la prétention de couvrir par universalisation tous les cas de figure possibles dans le large spectre des expériences de recherche interdisciplinaire. Sur un continuum allant de la disciplinarité à l'indiscipline, arrêtons le curseur sur six formes identitaires identifiées sur la base des données de notre enquête et tout à fait symptomatiques des postures induites par le travail au-delà des frontières disciplinaires : l'identité disciplinaire; l'identité interdisciplinaire subdivisée elle-même en identité thématique, identité hybride, « *interdisciplinary native* » et « *interdisciplinary migrant* »; et enfin l'identité indisciplinée.

Identité disciplinaire

L'identité disciplinaire est un socle commun et consensuel largement visible, revendiqué et peu remis en cause dans le monde académique. Par exemple, les chercheurs qui ont participé aux entretiens et aux Focus Groups de notre recherche se sont dans une grande majorité présentés dans un premier temps sous leur apparence disciplinaire. Outre la mention de leur appartenance institutionnelle et/ou leur fonction académique (« membre de … », « directeur de », etc.), ils ont affiché une identité disciplinaire de base : « j'ai une formation de psychologie », je suis « Prof. ou Dr en … », « je suis ethnologue », etc. Ils endossent en effet une identité disciplinaire, tout en disant pratiquer une recherche ouverte au dialogue plus ou moins élaboré avec les autres disciplines. « Je me vois vraiment comme un mathématicien ! C'est là que je suis compétent. La sociologie, c'est des trucs que j'ai bricolé » (G3, Entretien). « Mon identité disciplinaire un peu fondamentale, c'est la sociologie. Ça

---

5 Pour un cadrage sur la notion d'identité et ses paradoxes, ainsi qu'une présentation semblable de cette typologie, voir notre article précité (Sedooka *et al.*, 2015).

c'est clair » (E1, Entretien). De même, B4 revendique son appartenance au champ disciplinaire de la philosophie qui s'applique à différents domaines (politique, droit, économie) :

> ❮ *Je suis philosophe, oui. 100% philosophe ! Ce qui n'est pas forcément l'avis de mes collègues, mais c'est un autre problème ! Eh bien, je fais de la philosophie politique. Dans la philosophie politique, c'est philosophie du droit et philosophie de l'économie. Et ça, c'est le champ disciplinaire, et le domaine, c'est l'indivisibilité des droits de l'homme, c'est là-dessus que j'ai fait ma première thèse et puis plus spécifiquement encore, les droits culturels, c'est les trois quarts de mon temps de travail, et les droits économiques c'est le quatrième quart.* ❯ (B4, Entretien)

> ❮ *L'affirmation d'une identité disciplinaire se fait toutefois rarement en opposition à l'interdisciplinarité, celle-ci étant même parfois incluse dans la discipline lorsque le chercheur indique que sa discipline – en l'occurrence la philosophie pour B4 – est « complètement interdisciplinaire, par essence ».* ❯ (B4, Entretien)

Identité thématique

Outre leur attachement au régime de la disciplinarité, les chercheurs s'identifient de plus en plus à des thématiques et des champs d'études interdisciplinaires. Ces thématiques complexes (développement durable, santé, migration, etc.) sont transversales à plusieurs disciplines ou sous-disciplines qui s'organisent voire se réorganisent en champs interdisciplinaires plus ou moins institutionnalisés (sciences de l'environnement, *migration studies, gender studies, global studies*, etc.). Sans entrer dans le détail ici, soulignons que le débat reste ouvert quant à la détermination de la nature multidisciplinaire, interdisciplinaire ou de nouvelle disciplinarité de ces champs d'études[6], comme A5 l'a par exemple très bien repéré :

> ❮ *Gender studies, c'est interdisciplinaire par définition. Bon... là, c'est le grand débat : est-ce que c'est entre disciplines, les études genres, ou... c'est transversal. Donc, il y a des avis partagés au sein des universités, au sein des chercheurs je pense. [...]. Est-ce que c'est une discipline ensemble ou est-ce que c'est a priori interdis-*

6 Sur ce point, voir Darbellay (2014) : *Où vont les Studies ? Interdisciplinarité, transformation disciplinaire et pensée dialogique.*

ciplinaire, disons. […] Moi, je pense … « migration and ethnic studies and gender studies », ce sont des champs émergents interdisciplinaires, clairement ouais. › (A5, Entretien)

La focalisation des activités de recherche, d'enseignement et de publication sur un domaine d'intérêt thématique contrebalance la poursuite d'une trajectoire académique plus classiquement disciplinaire. A5 en donne une parfaite illustration :

‹ *Je pense c'est... la réponse est toute simple : c'est que je ne me suis jamais inscrite vraiment dans une discipline. Ou j'ai fait, j'ai étudié l'anthropologie, mais déjà là j'ai aussi étudié la criminologie, la science des communications et au sein de l'anthropologie, j'ai toujours choisi un peu les choses qui m'intéressent, qui étaient beaucoup plus sociologiques. Et, à partir de la thèse, j'ai commencé à travailler avec une orientation thématique toujours et notamment quand il s'agit des migrations, des « ethnic and racial studies ». Donc, un peu ces domaines où moi, je suis active. C'est pas devenu une discipline, mais c'est devenu un champ énorme où il y a des personnes issus de disciplines très très diverses. […] Et vu que j'étais très active dans ces domaines thématiques, aussi, et théoriques, je n'ai plus jamais suivi des orientations disciplinaires en fait.* › (A5, Entretien)

Ces thématiques de recherche sont irréductibles à un seul point de vue disciplinaire et leur étude réclame l'intégration de plusieurs disciplines, ainsi qu'une ouverture au dialogue entre science et société. C'est, comme le dit D3, se situer dans « un milieu forcément multi- et interdisciplinaire », cette posture semblant du coup « assez naturelle » (D3, Focus Group). Hors du sentier battu d'un parcours académique disciplinaire, cette ouverture offre aussi des opportunités de carrière orientée vers la pratique :

‹ *Alors… moi, j'ai l'impression que je suis… alors pour des thématiques qui m'intéressent le plus, je suis, avec cette thèse, relativement bien positionné, surtout parce que je ne suis pas intéressé à faire un parcours académique classique, par contre j'ai commencé à surtout regarder plus des postes dans la pratique… alors un peu en dehors du… plan universitaire. Et dans ce contexte-là, j'ai le sentiment que cela m'apporte énormément.* › (C6, Entretien)

Identité hybride

Une identité hybride se donne à lire dans les trajectoires de chercheurs qui se situent à la croisée de deux ou de plusieurs disciplines. Ils incarnent le plus souvent un mixte de disciplines antérieures (par exemple la psycho-sociologie, la socio-anthropologie, etc.) qui crée une nouvelle identité (inter-)disciplinaire par hybridation. A1 et C3 insistent par exemple sur cette hybridité identitaire :

> « *C'est clair, je ne veux pas nier que j'ai une première formation d'architecte, mais je ne peux pas dire aujourd'hui « je suis architecte » ! [...] Même, je pense que je peux construire une maison demain, le bagage, il est là ! C'est une très bonne question, parce que je ne me trouve pas confortable [...]. Depuis mes études, je dis peut-être que je suis hybride ! Je ne peux pas m'attacher à une discipline spécifique, je pense, aujourd'hui ! Vraiment, je ne peux pas ! Pourtant, je trouve, j'ai des compétences disciplinaires en architecture et en sciences sociales.* » (A1, Entretien)

> « *Moi j'ai toujours eu disons enfin ce qui caractérise sur ce point de carrière, ça a toujours été disons un caractère hybride, je n'ai jamais été dans un seul domaine.* » (C3, Entretien)

Dans la construction de cette identité, le chercheur doit maîtriser deux ou plusieurs compétences disciplinaires :

> « *Je dirais que mon ancrage principal, quand même, c'est maintenant la sociologie, l'anthropologie. Mais je me considère comme vraiment interdisciplinaire. C'est sûr ! Parce que, sur mes terrains, par exemple, mes terrains qui sont l'anthropologie de la génomique, ou des choses comme ça, ou des « technology assessments » participatifs, mes deux identités sont absolument indispensables.* » (C2, Entretien)

Certains chercheurs ont ainsi bénéficié de doubles ou de multiples formations disciplinaires qui les conduisent, par la suite, à développer des recherches interdisciplinaires. A4 a par exemple suivi une « double formation de médecin et de théologien », voire « triple » en tant qu'éthicien. Ce parcours a été inspiré par le « besoin ressenti d'ouvrir des portes » encore très cloisonnées entre les disciplines (A4, Entretien). Le témoignage de F5 va dans le même sens :

« *Je suis passée dans le cadre de mon parcours académique par deux disciplines principales et différentes sous-disciplines : en premier lieu les sciences politiques, puis la géographie humaine avec une spécialisation en planification urbaine. Les barrières disciplinaires m'ont toujours semblé relativement perméables dans le contexte des sciences sociales et n'ont pas constitué d'obstacle à mon passage de la science politique à la géographie humaine.* » (F5, Questionnaire)

Interdisciplinary native

Le chercheur ayant une trajectoire interdisciplinaire dès l'origine de sa formation, sans ancrage disciplinaire fixe et dont les intérêts portent sur des domaines scientifiques incluant un large spectre de disciplines, est désigné comme « *interdisciplinary native* ». Par analogie avec la notion de « *digital natives* »[7], l'« *interdisciplinary native* » se situe initialement dans l'action interdisciplinaire (*in medias res*), modes de pensée et de pratique qui vont pour lui de soi. C5 est un jeune chercheur qui a obtenu une thèse de doctorat en sciences humaines et sociales. De son point de vue, l'interdisciplinarité est une évidence : « Je ne me suis jamais vraiment posé la question de la disciplinarité, de ce que je faisais, parce que déjà à la base, même je disais en sciences politiques, ça n'a jamais été disciplinaire » (C5, Entretien). Une des caractéristiques des « *interdisciplinary natives* » est qu'ils portent, dès le début de leurs études, un grand intérêt personnel à de nombreuses disciplines. F8 (Entretien), par exemple, expose son intérêt initial pour plusieurs disciplines (philosophie, mathématiques, histoire, chimie) et non pas pour une discipline spécifique. Ses intérêts se situent à l'intersection des sciences humaines et des sciences naturelles, ce qui l'a amené à s'intéresser un temps à la géographie (physique et humaine) qui couvre ces deux cultures scientifiques. Il s'est positionné dans l'interdisciplinarité dès le début de son parcours académique. Il l'a vécue comme une nouvelle culture dans ses travaux individuels ainsi que dans la collaboration avec d'autres collègues. Cette culture interdisciplinaire, particulièrement mise en visibilité chez les « *interdisciplinary natives* », même si elle est fortement

---

7 Une catégorie générationnelle qui comprend les jeunes nés dans les années 1980, imprégnés par la culture numérique et ayant des compétences poussées en technologie de l'information (Bennett *et al.* 2008; Hargittai, 2010; Jones *et al.*, 2010).

promue et encouragée, manque néanmoins de reconnaissance et de soutien substantiel de la part des institutions universitaires. Les jeunes chercheurs qui débutent dans l'interdisciplinarité peuvent en effet souffrir d'un « manque de légitimité institutionnelle » (Bühlera *et al.*, 2006). L'interdisciplinarité peut alors devenir elle-même un obstacle et révéler des difficultés institutionnelles, notamment pour la carrière académique. À ce titre, un doctorant en « sciences de la vie » (D2) travaillant sur des questions d'éthique exprime ses incertitudes identitaires en termes de formation et de reconnaissance académiques. Situé dans un contexte institutionnel au final très disciplinaire, il se questionne sur sa propre identité :

> ❮ *Alors c'est mon grand problème ! C'est que j'ai vraiment beaucoup de difficultés avec ça, d'une part parce que moi-même je ne saurais pas vraiment comment me définir. […]. Le problème avec l'éthique c'est que beaucoup de gens disent « éthicien, ça n'existe pas… ». Donc du coup, moi je me retrouve dans ce contexte où il y a des gens qui disent qu'éthicien, ce n'est pas reconnu, ça n'existe pas, et je peux comprendre parce que c'est vrai que parfois les gens qui se disent éthiciens c'est un peu agaçant, et puis en même temps, il n'y a pas de formation en éthique donc se dire éthicien, c'est assez bizarre. En même temps, c'est la seule définition que je pourrais trouver qui me convient, et puis d'un autre côté, le problème c'est évidemment celui de la reconnaissance. Parce que, probablement en sciences politiques, on ne va pas me reconnaître comme politologue, en théologie on ne me reconnaît pas forcément comme théologienne. […]. Maintenant mon doctorat, il ne va pas m'aider non plus, parce que c'est en « sciences de la vie », ça ne veut pas dire grand-chose non plus. J'ai aussi un problème c'est que je ne sais pas, par exemple pour le CV tout bêtement, je ne sais pas ce que je dois mettre.* ❯ (D2, Entretien)

Interdisciplinary migrant

Sans se limiter à un effet d'âge ou de génération, le migrant est le plus souvent un chercheur confirmé dans sa discipline d'origine, mais qui s'ouvre progressivement à l'interdisciplinarité par emprunt et circulation entre les disciplines au cours de sa trajectoire académique. Son identité se construit au travers de changements et de transformations d'une discipline à une autre, par migrations successives et nomadisme (Stengers, 1987; Darbellay, 2012). A3 est une bonne illustration :

> « *À un moment, j'ai senti qu'il y avait un autre domaine où on pouvait faire ça, c'était dans la psychologie du développement et donc j'ai basculé je dirais. Ça a commencé à travailler beaucoup en robotique et en interaction très forte avec des psychologues du développement. Donc, c'était toujours dans l'interdisciplinaire, mais sur un autre domaine. Et c'est la même chose ensuite qui s'est développée à plusieurs reprises et jusqu'à très récemment dans les interactions que j'ai pu voir avec les sciences humaines et sociales et l'histoire. Et c'est ça qui conduit, par les hasards de circonstances finalement, aujourd'hui à mon poste actuel.* » (A3, Entretien)

Identité indisciplinée

L'indisciplinarité consiste à se situer hors des disciplines et à éviter toute sclérose disciplinaire (Catellin & Loty, 2013; Legay, 1986; Loty, 2005). Si l'indisciplinarité, comme l'interdisciplinarité, ne s'oppose pas par essence à la disciplinarité, elle vise par contre à s'affranchir, se libérer des clôtures disciplinaires. C3 (Entretien), par exemple, ne se considère pas comme un « homo academicus » (Bourdieu, 1984) et il se positionne comme indiscipliné en dehors de toute « revendication disciplinaire ». De même A8 (Entretien) ne s'identifie pas à une discipline : il dit ne pas avoir et ne jamais avoir eu d'identité disciplinaire académique et son indisciplinarité s'explique par l'importance accordée à son parcours professionnel hors-académie, avant d'y revenir en tant que directeur d'une institution universitaire.

Les différents profils identitaires présentés ci-dessus ne s'excluent pas les uns les autres, ils sont complémentaires et ils peuvent cohabiter en tant qu'identités multiples d'une même personne. Ils se construisent dans le temps et l'espace des parcours académiques des chercheurs, répondant à des désirs intellectuels, des choix stratégiques ou des opportunités. C2 n'« arrive pas à les dissocier, sur le terrain en tout cas », il joue de ses identités comme d'une « casquette » selon les contextes de collaboration et il s'en joue entre sciences humaines et biologie (C2, Entretien). C'est être, comme le dit C3, « opportuniste dans le bon sens du terme, c'est-à-dire qu'on saisit des opportunités ». Il poursuit :

> « *Et puis, j'ai collaboré avec des gens dont l'étiquette disciplinaire n'avait absolument aucune importance. Et d'ailleurs, je crois que j'ai beaucoup plus collaboré au niveau de l'enseignement et de la recherche avec des non-sociologues qu'avec des sociologues. Je crois que je n'ai jamais co-signé un papier avec un collègue sociologue, à part si c'était un de mes doctorants ou un de mes post-docs.* » (C3, Entretien)

Faire le choix d'une posture identitaire interdisciplinaire et la façonner offre de la flexibilité et de l'adaptabilité sur les plans institutionnels et épistémologiques. La capacité de décentrement par rapport à une identité disciplinaire préconçue comme une et indivisible permet l'ouverture de nouveaux horizons de connaissance. Sans vouloir noircir ce tableau idyllique, il faut tout même bien mettre en évidence que le choix de l'interdisciplinarité comporte aussi son lot de désavantages. Comme nous avons déjà eu l'occasion de le souligner, de nombreux chercheurs rappellent que la formation universitaire demeure massivement disciplinaire et que le manque de formation interdisciplinaire et à l'interdisciplinarité est un problème récurrent. Ce fait s'accompagne d'un défaut de reconnaissance institutionnelle du travail interdisciplinaire et plus spécifiquement des carrières académiques qui empruntent cette voie peu balisée et ne répondant pas à un plan de carrière universitaire standard (« Je n'ai pas eu de plan de carrière. Je me suis ouvert à l'interdisciplinarité suite à des recherches sur certains problèmes de développement » (F4, Questionnaire)). En contexte disciplinaire dominant, l'interdisciplinarité peut même devenir un obstacle, un frein et augmenter les difficultés institutionnelles pour le développement d'une carrière académique. De là à dire que le jeu de l'interdisciplinarité n'en vaut pas la chandelle, il n'y a qu'un pas. Ce pas ne sera pas franchi ici !

3.4 Construction identitaire, parcours académiques et communautés scientifiques

Une identité disciplinaire ou interdisciplinaire n'est jamais établie une fois pour toute, elle se construit, évolue, se transforme et se redéfinit au cours plus ou moins long des trajectoires/parcours académiques des chercheurs : « une carrière, c'est une lente construction d'une identité professionnelle, pour soi et pour les autres » (Cheveigné, 2003 : 53). Face au champ des multiples trajectoires possibles qui s'ouvrent à l'interdisciplinarité, nous allons nous arrêter ici sur deux grandes orientations qui ont été mises en relief dans les entretiens avec les chercheurs participant à notre enquête. Il ressort d'abord une logique de *continuité-progression* selon laquelle le chercheur articule en un fondu enchaîné la disciplinarité et l'interdisciplinarité sans se lester de son identité disciplinaire, logique douce contrebalancée par une logique plus transformative du point de vue identitaire, soit par *métamorphose* ou *bifurcation/rupture*. Passons succinctement en revue ces deux orientations.

Par glissements successifs de la discipline d'origine vers d'autres disciplines ou nouveaux champs interdisciplinaires et sans rupture de continuité, le chercheur s'inscrit d'abord dans une forme de linéarité relativement harmonieuse. C'est le cas par exemple de F5, déjà cité plus haut, qui est « passée dans le cadre de (son) parcours académique par deux disciplines principales et différentes sous-disciplines », un passage « sans obstacle » dans la mesure où les « barrières disciplinaires » lui ont toujours semblé « relativement perméables dans le contexte des sciences sociales » (F5, Questionnaire). De manière plus transformative et en écho à l'idée de nomadisme incarnée par l'*interdisciplinary migrant* (3.3), le chercheur peut se métamorphoser plus ou moins radicalement au contact d'autres disciplines et par l'exploration de nouveaux champs interdisciplinaires. C'est bien ce dont témoigne A3 qui a illustré le profil de migrant et qui a senti son potentiel de développement dans l'interdisciplinarité : il a alors en douceur « basculé » à l'interface de la robotique et de la psychologie du développement, puis vers les sciences humaines et sociales et l'histoire. Cette transformation identitaire s'opère parfois sur fond d'une métamorphose plus poussée, donnant lieu à ou étant causée par des bifurcations ou des ruptures dans le parcours du chercheur. Ces changements d'orientation, voire ces reconversions ou abadons disciplinaires, sont assez souvent motivés par une insatisfaction par rapport au chemin parcouru, un rejet de ou par sa communauté disciplinaire d'origine, la reprise d'une autre voie de formation, l'identification d'autres opportunités de carrière, ou encore un besoin vital de découverte.

Par exemple, le sentiment d'insatisfaction a été un déclencheur de changement pour A6. Alors jeune chercheur en sociologie, il se sent rapidement en décalage par rapport à la manière dont les sociologues abordent le problème de recherche qui le préoccupent, et en particulier les rapports entre informatique et société. Il raconte :

> « *Quand j'étudiais la sociologie et que je me sentais mal dans mes études. Je veux dire qu'on est encore jeune et qu'on est incertain par rapport à notre futur, mais pour mettre le focus, alors que ce qui m'a réellement fait de la peine s'est clarifié seulement par la suite, c'était l'énorme distance de la perspective que ces sociologues avaient. […]. Et d'un coup je me suis rendu compte que ces gens parlaient de quelque chose dont ils n'ont aucune compréhension. […], Nous (les sociologues) avons refusé de comprendre mieux l'objet, car c'était le seul moyen de rester à distance. […]. Et je pense que pour moi ceci a été un point de départ dans la recherche en rapport avec le problème, dans la recherche interdisciplinaire et cela au départ d'un mal-être. […]. Donc pas d'un point de vue théorique, ce qui nous mène au deuxième point fondamental à mon avis, qui est important pour l'inter- et la transdisciplinarité. En effet, la théorie n'est jamais un point de départ, mais le problème lui-même. […]. J'ai toujours recherché la relation au problème et l'approche disciplinaire a toujours été en fonction… c'est-à-dire à quelle discipline je vais recourir pour atteindre au mieux le problème. Et c'est pourquoi j'ai compris très largement les sciences sociales, des fois c'était la psychologie, des fois la sociologie, des fois c'était plutôt la science des médias, et des fois une science politique.* »
> (A6, Entretien)

Dans le même sens, A8 a débuté sa carrière de laborant en chimie dans le domaine de la protection de l'eau. De plus en plus confronté à des questions environnementales, il ne se satisfait plus des limites de sa situation professionnelle et il choisit de se lancer dans des études non disciplinaires en sciences de l'ingénieur et économie forestière/sylviculture. Il a alors travaillé sur des questions de développement durable, pas seulement par intérêt pour le contenu, mais aussi par souci d'engagement au service de la société :

> « *Et j'ai ensuite décidé de faire des études, mais pas dans une logique professionnelle, donc logique des Hautes écoles spécialisées (HES). En effet j'aurais dû faire de la chimie. […]. Et donc je me suis inscrit dans des études qui ne sont pas monodisciplinaires, et celles-là ont été des études pragmatiques – économie forestière/*

> *sylviculture. [...]. Et en plus j'ai assisté à des cours pour des réflexions critiques... Et après les études, il m'était clair que je ne voulais pas travailler comme ingénieur sylviculteur conventionnel, ce qui est une profession très institutionnelle, ce qui ne m'intéressait pas. [...]. Mais après je suis allé dans des projets liés à la coopération au développement. Et cela a donné une combinaison : problématique du développement et de l'environnement. [...]. Ce n'est pas seulement un intérêt par rapport au contenu en soi, mais un engagement social. J'ai reconnu comme pertinentes les relations entre économie, environnement et société, et je suis aussi intéressé aux conséquences sociales.* ❯ (A8, Entretien)

Ce genre de bifurcation répond au besoin d'adaptation cognitive et pratique à de nouvelles questions de recherche ou à des manques à combler en termes de compétences et de formation. Comme le dit A2, il y a « ce besoin d'aller plus loin » par rapport à un parcours qui ne répond pas « encore à mes (ses) questions » (A2, Entretien). C2 a par exemple « refait une deuxième formation en sociologie, anthropologie » suite à des études en biologie et neurosciences, il s'est « reconverti » parce que c'était pour lui « la meilleure manière de travailler sur (ses) sujets » (C2, Entretien). A10 retrace son parcours en montrant en quoi les besoins spécifiques d'un projet original l'on conduit dans une nouvelle voie de formation « sur le tas » :

> ❮ *J'ai au départ étudié la médecine et... comme je pensais devenir simplement médecin. [...]. Je suis d'abord simplement sorti de la recherche clinique, étant encore insuffisamment formé et naïf... et j'ai commencé à travailler dans ce projet [...]. La problématique était simplement affichée et ensuite il fallait être créatif... Comment trouver les réponses, et cela nous a mené dans des réflexions : que dois-je apprendre, quels sont mes outils, qui sont mes partenaires ? [...]. Nous avons cherché des personnes, dans ce cas des épidémiologues, qui pourraient diriger le projet, que pour vous dire qu'il y a 25 ans, il n'y avait que peu de personnes de cette formation. C'était simplement comme ça en Suisse, on ne formait pas des gens comme ça en masse. Et nous n'avons effectivement trouvé personne pour ce poste, et j'ai commencé en parallèle à effectuer personnellement ce qu'un épidémiologue aurait dû faire. Et au final je me suis retrouvé dans ce domaine personnellement, et j'ai effectué une formation continue... d'abord avec des cours et ensuite j'ai fait un master en épidémiologie aux États-Unis.* ❯ (A10, Entretien)

Suite à une bifurcation et au travers de l'expérience interdisciplinaire, le regard du chercheur sur sa propre discipline se modifie. Même s'il devient minoritaire au sein de sa tribu académique, un chercheur comme F4 a pleinement pris conscience de la nécessité du travail interdisciplinaire :

> ❮ *Je ne conçois pas du tout, maintenant la science économique autrement que dans l'interdisciplinarité. Mais je suis extrêmement... je sais pas comment dire, minoritaire. Les économistes sont en général complètement imbus de leur discipline, ils pensent qu'ils vont trouver la vérité tout seuls. Donc... non, je pense que ça c'est une vision qui est liée à mes cours d'histoire de la pensée, je pense que vraiment la société est quelque chose qui est... c'est le sujet le plus difficile. En sciences et effectivement sans une approche interdisciplinaire, on est incapable d'approcher les phénomènes de société.* ❯ (F4, Entretien)

Si chaque parcours de chercheur est unique – il a ses hauts, ses bas, ses transformations, et ses reconversions –, il prend par contre sens au sein de communautés scientifiques non seulement disciplinaires mais aussi inter- et transdisciplinaires. Certains chercheurs de différentes disciplines confirment en effet cette appartenance à une communauté interdisciplinaire crée sur mesure. A4 l'évoque dans le domaine de l'éthique médicale :

> ❮ *Et tout de suite, finalement dans le champ de l'éthique médicale, qui était un champ assez expérimental dans les années 80, on a inventé notre interdisciplinarité, parce que les médecins s'intéressaient mais ils ne savaient pas comment faire, les théologiens avaient une expertise en éthique, mais... et puis les philosophes, donc on a commencé à constituer des groupes.* ❯ (A4, Entretien)

De même, A10 indique qu'une communauté scientifique interdisciplinaire existe, depuis 25 ans, dans son domaine de recherche (« *International society of environmental epidemiology* »). Selon lui, la construction d'une nouvelle communauté est un processus d'apprentissage qui passe par des échanges en pratique. Il considère que la création de cette communauté est un des évènements les plus importants du développement de ce domaine :

> « *Il y a 25 ans on a commencé, donc naïvement et à partir de rien… et à partir de rien nous nous sommes instruits nous-mêmes « learning by doing ». Mais dans un contexte international, et on a eu beaucoup de succès. […]. On a donc rassemblé trois sociétés ce qui a fait environ 1800 personnes du monde entier. Et dans ce sens il existe bien une communauté. Alors on connaît toutes ces personnes et on se retrouve chaque année dans des sociétés différentes. Et il est donc clair que nous sommes interdisciplinaires et c'est pour ça que nous sommes ancrés dans d'autres sociétés.* » (A10, Entretien)

A8 dit appartenir à une communauté scientifique dont la mission est de promouvoir explicitement la recherche inter- et transdisciplinaire, une communauté ayant une identité partagée et voulant développer un esprit critique et engagé au service de la société. De son point de vue, cette communauté interdisciplinaire implique des « *concerned scientists* » capables d'insuffler des changements dans le système académique :

> « *Oui, alors si on peut décrire cela comme une communauté… le point fort… et ce qui reste constant est en fait le débat critique (confrontation critique). […]. Cela est plutôt une identité, et non pas une communauté disciplinaire. […]. Et ça fournit naturellement une base mais n'est pas une communauté, et surtout pas une unité au sens propre. Ça veut dire que ce n'est pas quelque chose qui porte dans le système académique en rapport avec la carrière, cela est clair. […]. Je dirais que ce sont vraiment en fait les questions sociales sur les valeurs qui guident. […]. En principe, d'un côté, il y a l'engagement des scientifiques qui s'engagent comme « concerned scientists » et de l'autre côté le point de vue disciplinaire qui méprise et trouve que ce n'est méthodiquement pas sérieux. […]. Même si (nom de l'institution) joue un rôle marginal, de mon point de vue, elle a quand même joué un rôle critique dans deux sens : elle fait des réflexions critiques et elle a pu déclencher des changements dans le milieu institutionnel, en introduisant la transdisciplinarité dans le monde académique.* » (A8, Entretien)

Plusieurs chercheurs, dont A7 ci-dessous, formulent aussi le besoin croissant de créer des « petits groupes de discussion », des communautés scientifiques interdisciplinaires informelles, afin de pouvoir discuter de certaines thématiques transversales et interdisciplinaires.

> ❮ *On se rend de plus en plus compte qu'une seule discipline ne peut pas être en charge des solutions pour la vie réelle [...]. Et c'est pourquoi des petits groupes de discussions se forment. Je l'observe souvent et le mets en pratique ici (nom de l'institution) depuis longtemps, que nous nous rapprochons d'une problématique dans des travaux de groupes, avec une taille maximale de 20 personnes. [...]. Nous voulons, durant deux jours, discuter profondément et jusqu'à la fin des thématiques. Si vous prenez comme exemple le développement des tumeurs ou bien l'« investment banking », vous n'aurez pas besoin de personnes qui ont seulement des connaissances approfondies en biologie ou respectivement en finance, mais des personnes qui ont également de vastes connaissances en psychologie, en biologie moléculaire, en évolution des marchés, en sociologie, etc., qui ont, quand ils sont experts d'un domaine, également la capacité de discuter librement avec des collègues d'autres disciplines avec jargon différent.* ❯ (A7, Entretien)

Faire vivre l'interdisciplinarité en communauté n'est toutefois pas toujours chose aisée. La vivacité n'est pas toujours au rendez-vous comme en témoigne A8 :

> ❮ *Par contre ce n'est pas encore une communauté très vivace, mais j'ai quand même l'impression que quelque chose s'est créé que je constate de mon point de vue comme un grand changement comparé avec les années 90 et que je ne peux m'expliquer. [...]. Dans le domaine « environnmental education » il existe une telle communauté qui s'est fondée sur les sciences de l'éducation. Mais ça ne rentre pas vraiment dans ce même tiroir par ce qu'ils voient les choses plutôt d'un point de vue institutionnel et non du point de vue du processus d'apprentissage. Avec la discussion autour du « social learning » j'ai eu pour la première fois l'impression que c'est une thématique susceptible d'intéresser un ensemble plus large. Mais ce n'est pas tout à fait comme le discours qui est tenu du côté des sciences sociales.* ❯ (A8, Focus Group)

Ni la création, ni la durabilité d'une communauté interdisciplinaire ne se décrètent. Vivre ensemble l'interdisciplinarité comme un bien commun, c'est sans cesse remettre son ouvrage sur le métier, le polir et le repolir, ajouter de nouvelles idées et en effacer d'autres. Tout un « *Art poétique* » aurait conclu Nicolas Boileau (1636-1711).

Points forts

→ L'engagement des chercheurs dans l'interdisciplinarité est motivé en premier lieu par le besoin de répondre à et de résoudre des problèmes de recherche et des besoins sociaux complexes qui ne peuvent être traités à partir d'une seule discipline.

→ Du point de vue de l'âge des chercheurs, il n'y a pas de rupture fondamentale ni de saut générationnel par rapport à l'engagement dans l'interdisciplinarité. L'interdisciplinarité n'est pas un luxe réservé aux professeurs en fin de carrière.

→ Les jeunes chercheurs demeurent confrontés aux impératifs disciplinaires, dont le respect pèse lourd sur leurs futures possibilités de carrière et freine parfois leur enthousiasme à franchir les limites entre les disciplines.

→ Guidé par son ou ses mentor(s) aîné(s), le jeune chercheur mentoré est impliqué dans un processus académique de socialisation, d'apprentissage et de professionnalisation interdisciplinaire.

→ L'interdisciplinarité est vue comme un complément et une plus-value, mais aussi comme un moyen d'évaluer les forces et les faiblesses de sa discipline, en en faisant une voie de développement intra-disciplinaire.

→ Les chercheurs engagés dans le travail interdisciplinaire incarnent la pluralité des champs et des cultures scientifiques.

→ Les identités disciplinaires des chercheurs sont multiples et elles entrent en écho avec la plus ou moins grande densité du réseau de collaboration qu'ils entretiennent avec d'autres disciplines.

- → Il existe différents profils types de chercheurs, allant de la revendication d'appartenance à une seule discipline à des profils plus interdisciplinaires, voire indisciplinés (identité disciplinaire, identité thématique, identité hybride, « *interdisciplinary native* », « *interdisciplinary migrant* », identité indisciplinée).
- → Une identité disciplinaire ou interdisciplinaire n'est jamais établie une fois pour toutes; elle se construit, évolue, se transforme et se redéfinit au cours des trajectoires/parcours académiques des chercheurs. Elle prend également sens au sein de communautés scientifiques non seulement disciplinaires mais aussi inter- et transdisciplinaires.

Chapitre 4

La recherche interdisciplinaire : théorie et méthodologie

4.1 Concepts et définitions

Il existe de nombreux termes pour désigner les approches et les pratiques de recherche qui mobilisent plusieurs disciplines et qui se situent entre, au-delà ou au travers d'elles. Outre les nombreuses variantes plus ou moins créatives sur le plan sémantique (l'alterdisciplinarité, l'anti-disciplinarité la postdisciplinarité, la paradisciplinarité, la supradisciplinarité, etc.), on s'accorde, dans la littérature scientifique sur l'interdisciplinarité, sur les définitions des concepts suivants : la *disciplinarité* d'abord comme socle de base, suivie de la *multi-* ou *pluri-disciplinarité*, de l'*interdisciplinarité* et de la *transdisciplinarité* (voir notamment Piaget, 1972; Thompson Klein, 1990; Perrig-Chiello & Darbellay, 2002; Darbellay, 2005; Huutoniemi *et al.*, 2010). Ces concepts sont brièvement définis dans le tableau 4.1.

Sans préjuger d'une quelconque connaissance ou maîtrise de ces définitions par les participants à notre enquête, nous avons choisis de les interroger sur ce niveau conceptuel et épistémologique, afin d'entamer la réflexion sur les enjeux théoriques et méthodologiques du processus de recherche interdisciplinaire. La question initiale a été formulée comme suit : « Parmi les concepts suivants, lequel ou lesquels utilisez-vous pour définir votre approche au-delà des cloisonnements disciplinaires ? » (Plusieurs réponses possibles). Les répondants avaient le choix entre les quatre concepts suivants : la Pluridisciplinarité, la Multidisciplinarité, l'Interdisciplinarité ou la Transdisciplinarité. Les deux premiers sont souvent considérés comme des synonymes, mais nous avons pris le parti de les différencier, dans la mesure où ils sont parfois utilisés de manière disjointe.

Tableau 4.1 De la disciplinarité à la transdisciplinarité : définitions

Concepts	Définitions	Mots-clés
Disciplinarité	Des chercheurs appartenant à la même discipline travaillent de manière plus ou moins coordonnée sur des objets légitimes au sein de celle-ci.	Cloisonnement, fragmentation, communauté disciplinaire
Multi-/pluri-disciplinarité	Un processus séquentiel dans lequel des chercheurs de disciplines différentes travaillent, à partir de leur propre point de vue, sur un objet d'étude plus ou moins partagé, de manière indépendante et sans véritable interaction.	Hétérogénéité, séquentialité, linéarité, non-interaction
Inter-disciplinarité	Des chercheurs travaillent ensemble, à partir de – et entre – leurs points de vue disciplinaires, sur un objet d'étude commun, de manière coordonnée et interactive.	Interaction, interface, échange, objet d'étude commun, interaction, interdépendance
Trans-disciplinarité	Des chercheurs travaillent ensemble pour développer un cadre conceptuel et méthodologique commun qui transcende les limites disciplinaires, dans le but de résoudre un problème concret entre science et société.	Résolution de problème, implémentation, rapport science-société

Le nombre de mentions de l'Interdisciplinarité (47 sur 65) et de la Transdisciplinarité (37 sur 65) l'emporte largement sur celles plus modestes et visiblement apparentées de la Multidisciplinarité et de la Pluridisciplinarité. Plusieurs chercheurs commentent en effet leurs choix en relevant qu'ils ne voient pas de différence fondamentale entre Pluri- et Multidisciplinarité, notamment par rapport à leurs pratiques de recherche : « Pluri- et multidisciplinaire me semblent synonymes... ces mots signifient à mes yeux tous les deux que la recherche implique des experts de plusieurs disciplines » (F2, Questionnaire). Le rapport de similarité sémantique entre Pluri- et Multidisciplinarité est renforcé par la convergence des expressions convoquées par les répondants pour en préciser leur nature semblable, dont voici quelques occurrences : une juxtaposition, une superposition, une association de plusieurs disciplines, une somme de points de vue qui ne modifie en rien les approches et les méthodes des disciplines mobilisées, etc. Inversement, ce sont plutôt les expressions d'esprit d'ouverture, d'articulation, de décloisonnement, d'intégration, de maîtrise de plusieurs compétences disciplinaires ou de capacité d'apprentissage d'autres langages disciplinaires, qui sont avancées pour caractériser l'Inter- et la Transdisciplinarité. S'il ressort ainsi un couplage différentiel entre Pluri- et Multidisciplinarité d'un côté et Inter- et Transdisciplinarité de l'autre – sur fond de degrés de décloisonnement, d'interaction et d'intégration entre les disciplines –, il faut dans le même mouvement souligner que les frontières entre ces concepts peuvent être très fines. Par exemple, D1 considère que, en pratique et selon les conceptions spécifiques des chercheurs, la différenciation n'est pas évidente entre la Pluri-, la Multi- et l'Interdisciplinarité :

> ❮ *Des fois j'ai l'impression que la frontière peut être très mince entre une recherche par exemple pluridisciplinaire et une recherche interdisciplinaire, [...] parce qu'il peut juste y avoir, je ne sais pas, une espèce de conclusion qui fait la synthèse de ce qui a été amené par chacun des chercheurs. Et ça, ça peut être considéré sous certains aspects comme interdisciplinaire, pour d'autres ça sera simplement de la pluridisciplinarité.* ❯ (D1, Focus Group)

Dans la même veine, B2 s'interroge sur la pertinence de l'étiquetage de pratiques à l'aide du mot « interdisciplinaire », alors même que celles-ci semblent plutôt être de l'ordre de la « juxtaposition » :

> ❮ *Le mot interdisciplinaire est très très à la mode. Il ne se passe pas, je crois, un jour sans que je tombe sur un article scientifique qui mentionne « étude interdisciplinaire » et puis, quand... on lit la méthodologie, on se dit « mais... j'ai l'impression que c'est plutôt une juxtaposition finalement de méthodes, ou d'experts sans réellement... [...] ». Après, je me suis beaucoup interrogée actuellement : est-ce qu'on peut parler, finalement, est-ce qu'on peut mettre cette étiquette « interdisciplinaire » dès qu'on convoque deux experts finalement qui n'ont pas tout à fait le même « background », mais qui finalement pensent de la même manière.* ❯ (B2, Focus Group)

Considérant ces effets de synonymie et ces glissements sémantiques dans les usages, passons en revue ces concepts, en nous basant sur les définitions que les chercheurs ont été invités à donner suite à leurs indications d'usage, voir Fig. 4.1 :

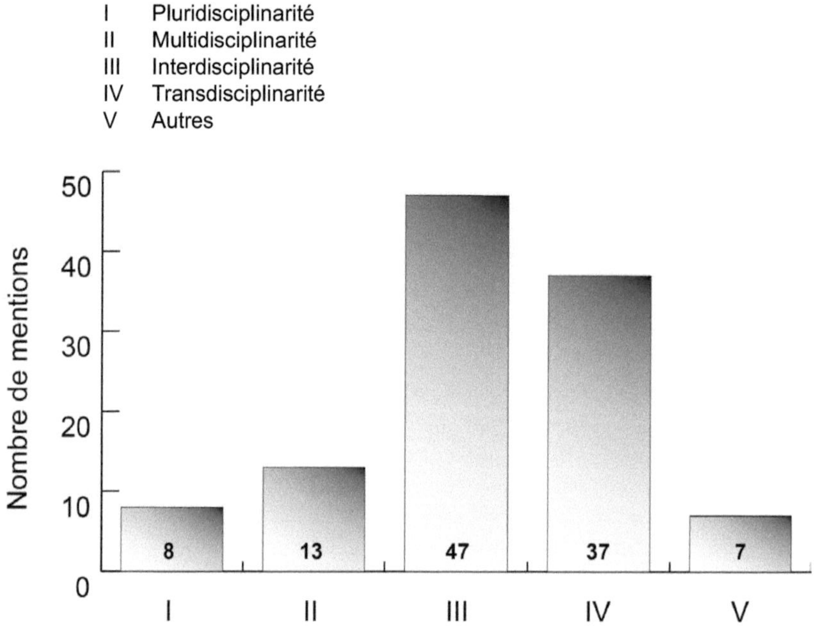

Figure 4.1 Usage des concepts Pluri-, Multi-, Inter- et Transdisciplinarité

Pluri- et Multi-disciplinarité

La pluri- ou multi-disciplinarité se caractérise par une addition cumulative de disciplines juxtaposées. Plusieurs points de vue disciplinaires sont mobilisés pour aborder tour à tour les multiples facettes d'un objet de recherche, chaque point de vue gardant son autonomie et faisant usage de ses propres outils théoriques et méthodologiques. Les disciplines « contribuent ensemble à un projet de recherche, mais chaque discipline avec ses propres méthodes et approches » (G10, Questionnaire). Les définitions des chercheurs convergent globalement dans ce sens :

« *Cumul de disciplines qui travaillent dans une même institution.* » (E3, Questionnaire)

« *Diversité de disciplines juxtaposées.* » (B4, Questionnaire)

« *Mutlidisciplinarité : Approche faisant recours aux connaissances et méthodes de plusieurs disciplines.* » (B5, Questionnaire)

« *Multidisciplinarité : Approches complémentaires de chercheurs issus de milieux, cultures.* » (D3, Questionnaire)

« *Multi-pluri-disciplinarité : superposition ou juxtaposition de disciplines et/ou de perspectives disciplinaires qui permettent de considérer plusieurs points de vue sur un point. […]. Le résultat provient de la somme des points de vue.* » (D2, Questionnaire)

« *Pluridisciplinarité/Multidisciplinarité est une association de disciplines qui concourent à une réalisation commune, mais sans que chaque discipline ait à modifier sensiblement sa propre vision des choses et ses propres méthodes.* » (H10, Questionnaire)

« *Pluridisciplinarité : à l'aide de plusieurs disciplines (peut-être une idée de cloisonnement entre disciplines et d'addition). L'idée de piocher certains outils à un endroit, certains autres ailleurs.* » (E2, Questionnaire)

Interdisciplinarité

L'interdisciplinarité se caractérise par la mobilisation de plusieurs disciplines – s'appuyant en cela sur la multi-pluri-disciplinarité – tout en œuvrant en faveur du décloisonnement des frontières disciplinaires, dans le but de construire une vision partagée, commune et globale. E8, entre autres, définit bien l'interdisciplinarité dans ce sens :

« *Aborder une problématique scientifique pertinente commune par des représentants de diverses disciplines, qui introduisent un angle de vue spécifique et des approches théoriques et méthodiques de leurs disciplines dans le processus de recherche pour développer une perspective plus globale sur l'objet de recherche.* » (E8, Questionnaire)

L'interdisciplinarité s'organise autour d'un « but commun » (C1, Questionnaire) qui demande de la part des chercheurs de différentes disciplines un effort de synthèse et d'intégration entre leurs compétences théoriques et méthodologiques. « Par comparaison avec la multidisciplinarité, l'interdisciplinarité a un niveau d'intégration des disciplines plus important, travaillant sur un modèle commun » (B1, Questionnaire). Il s'agit de développer « des efforts réciproques pour mieux intégrer les autres approches et développer une réelle synergie » (D3, Questionnaire). Cette mise en commun des savoirs disciplinaires permet de co-produire des « connaissances complexes » (H5, Questionnaire) qui se fondent sur de « nouveaux concepts » (D1, Entretien), « communs aux différentes sciences » (D1, Entretien) et qui permettent d'« obtenir des résultats vraiment originaux » (D1, Entretien) et impossibles à atteindre à partir de points de vue disciplinaires isolés les uns des autres et « cloisonnés dans leurs jargons respectifs » (H10, Questionnaire).

Le travail interdisciplinaire n'est toutefois pas si facile à réaliser dans les faits. Comme le disent par exemple D2 et A1, les chercheurs doivent être capables de « prendre une certaine distance » par rapport à leur propre regard disciplinaire et de « transgresser » le principe d'organisation de la connaissance en silos :

> ❮ *Faire des ponts entre les disciplines, un dialogue commun. L'interdisciplinarité va au-delà de la pluri- ou de la multidisciplinarité (superposition de disciplines), dans le sens où elle vise à dépasser la perspective disciplinaire pour mener un dialogue commun. En ce sens, une certaine distance d'avec la perspective disciplinaire de départ est nécessaire. Une double formation est ici un atout dans la mesure où elle permet de prendre conscience des biais disciplinaires.* ❯ (D2, Questionnaire)

> ❮ *Dans ce projet par exemple, c'était extrêmement difficile pour les gens de quitter le bagage disciplinaire pour essayer de transgresser (ce silo) … de compétences et puis d'aller vers l'autre. Exemple, là, on est dans la consultation de l'aménagement : juste pour trouver une définition qu'on va partager sur ce qu'est une approche participative, on a pris six mois !* ❯ (A1, Entretien)

Même si les chercheurs demeurent ancrés dans leur discipline, ils s'engagent, avec un esprit d'ouverture et de renouvellement, à faire un « bout de chemin avec les autres disciplines » (C2, Questionnaire). L'interdisciplinarité demande une « interaction prolongée dans le temps autour de champs d'études communs » (B4, Questionnaire). Ce « rapprochement entre des individus d'horizons divers » (B2, Focus Group) est une sorte de « garantie » pour les chercheurs de parler de la « même chose » (B2, Focus Group). Dans une dynamique équitable, chaque spécialiste, avec « ses apports heuristiques particuliers » (E5, Questionnaire), participe à l'élaboration d'hypothèses de recherche communes, tout en se confrontant ensemble au travail empirique. A7 parle à ce propos d'une interdisciplinarité « *bottom-up* », « dans laquelle les différentes disciplines développent à part égale une hypothèse commune sur laquelle ils fondent une recherche empirique » (A7, Questionnaire).

Transdisciplinarité

La transdisciplinarité se caractérise par le dépassement, la transcendance et la transgression des limites entre les disciplines, tout en visant l'intégration des acteurs non académiques et des partenaires de terrain dans le processus de recherche. Si l'interdisciplinarité est considérée comme un travail entre (*inter-*) les disciplines, la transdisciplinarité se situe résolument au-delà et au travers (*trans-*) d'elles. Les définitions proposées par les chercheurs sont très explicites à ce sujet :

> « *La transdisciplinarité se distingue ainsi de la pluridisciplinarité et de l'interdisciplinarité en ce sens qu'elle va au-delà des disciplines (interdisciplinarité/pluridisciplinarité) d'une part, mais surtout d'autre part que sa finalité ne reste pas inscrite dans la recherche disciplinaire proprement dite, en incluant la population d'étude pour une meilleure compréhension de la complexité du sujet.* » (H10, Questionnaire)

> « *La transdisciplinarité aborde pour moi des objets de recherche sans apriori disciplinaire et cherche à agencer de façon féconde des ressources de pensée et d'analyse de différentes provenances disciplinaires sans chercher à "dramatiser" la pluralité disciplinaire et donc sans en faire un thème inutilement pesant dans le travail de recherche.* » (E5, Questionnaire)

> « *La transdisciplinarité a un niveau d'intégration plus important que l'interdisciplinarité. De plus, elle intègre différents types de savoirs et savoir-faire.* » (B1, Questionnaire)

> « *Transdisciplinarité* : qui traverse les disciplines et réunit *les disciplines (des espèces d'universaux pour faire analogie aux universaux du langage).* » (E2, Questionnaire)

De nombreux chercheurs insistent sur la nécessité d'impliquer les acteurs non académiques dans leurs pratiques de recherche. « Trans=prise en compte des savoirs tacites et populaires des parties prenantes dans la résolution de problème » (E1, Questionnaire). Dans cette perspective de résolution de problème, chercheurs et acteurs non académiques coproduisent des connaissances. La transdisciplinarité est alors considérée comme une « méthode où des acteurs académiques et non-académiques sont associés dans le processus de recherche axé sur des problèmes de la vie concrète» (D10, Questionnaire).

Finalement, la transdisciplinarité est aussi pensée comme une marge de liberté et d'innovation dans la recherche scientifique puisqu'elle permet la construction de nouveaux savoirs hors frontières disciplinaires :

> « *Une approche scientifique qui transcende les codes d'une discipline afin de répondre au mieux et en toute liberté à une question de recherche.* » (F5, Questionnaire)

> « *Le mot transdisciplinarité me semble renvoyer davantage à une recherche qui articule de manière dynamique différents savoirs, pour en construire de nouveaux qui dépassent les disciplines de base ("le tout est plus que la somme des parties").* » (F2, Questionnaire)

Comme le montre ce passage en revue des concepts (Pluri-Multi-disciplinarité, Interdisciplinarité et Transdisciplinarité), les chercheurs sont tout à fait capables de proposer individuellement des définitions plus ou moins intuitives, informées ou déjà bien formalisées. Ces définitions sont globalement convergentes et en phase avec celles qui sont formulées dans la littérature scientifique sur l'inter- et transdisciplinarité (voir Tab. 4.1).

Mais qu'en est-il du partage de ces définitions entre collègues dans le cadre des pratiques de recherche : ces concepts sont-ils discutés, négociés, stabilisés dans le groupe ou sont-ils simplement utilisés sans être questionnés ? Nous avons donc voulu en savoir plus en demandant aux chercheurs : « Partagez-vous avec vos collègues de recherche la (les) définition(s) que vous avez formulée(s) ? » (Une seule réponse est possible), voir Fig. 4.2 :

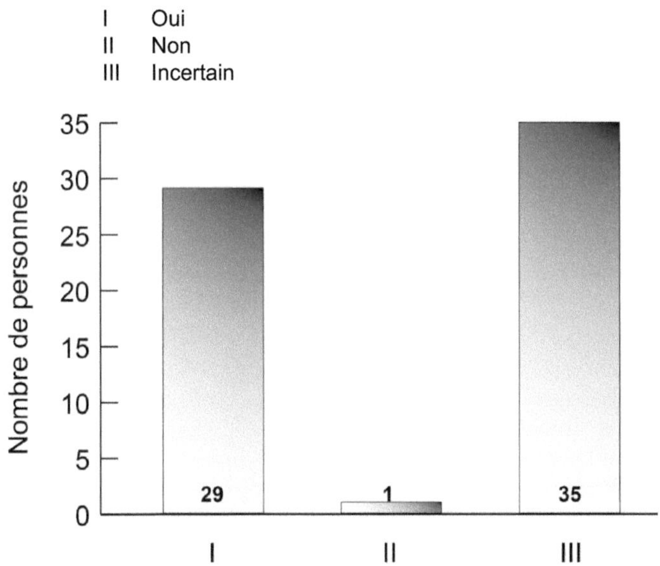

Figure 4.2 Partage des définitions au sein d'équipes interdisciplinaires

Hormis un chercheur qui dit ne pas partager ses définitions des concepts avec ses collègues, ils sont 29 à estimer avoir défini collectivement leurs conceptions avec les autres membres de leur équipe interdisciplinaire. Considérant que tous les chercheurs sont engagés dans le travail interdisciplinaire, il est surprenant de constater que la majorité des répondants (35 sur 65) reconnaissent leur incertitude par rapport à une mise en commun explicite des définitions. Ceci est révélateur d'une tendance qui consiste à considérer la conception même du travail inter- et transdisciplinaire comme une évidence, un allant de soi qui ne réclame ni discussion, ni négociation. L'essentiel semble résider dans la pratique de recherche et non dans sa désignation ou son étiquetage, comme le mentionne par exemple D3 : « Il s'agit d'une question de définition sur laquelle nous n'avons pas beaucoup investi, bien que connaissant les différentes définitions proposées et débattues » (D3, Questionnaire). Dans cet esprit, A1 tend à restreindre la réflexion sur l'interdisciplinarité elle-même à la sphère plus personnelle : « La pratique de recherche inter- et transdisciplinaire se fait plus souvent en équipe, mais "penser l'interdisciplinarité" se fait moins fréquemment en équipe que seul » (A1, Focus Group). Ne pas se figer sur des définitions trop contraignantes a aussi ses avantages. Il s'agit alors de favoriser les ouvertures vers les autres disciplines en optant pour une approche plus « soft » :

> ❮ *Si on a une définition assez « soft » et assez peu contraignante, je pense que c'est vrai que ça a un avantage, parce que j'espère en tout cas, avoir une ouverture d'esprit un peu plus large que simplement la science politique pure et puis essayer d'intégrer des éléments d'autres disciplines. Après, pour être tout à fait sincère, si on a une définition d'interdisciplinarité plus contraignante, plus rigoureuse,… ben ça reste assez superficiel comme interdisciplinarité.* ❯ (D1, Entretien)

Le « soft » conceptuel offre cette douce souplesse dans les échanges entre disciplines, sans nécessairement glisser dans le mou des catégories indéfinies, où règne un « certain flou à propos de ces notions qui sont alors utilisées indifféremment (comme synonymes) » (C2, Questionnaire).

4.2 L'interdisciplinarité : un type de recherche ?

Il ressort du précédent exercice définitionnel (4.1) que la recherche inter- et transdisciplinaire est un processus dynamique qui se fonde sur une organisation pluri-multi-disciplinaire des savoirs et qui travaille au dépassement des frontières entre les disciplines. L'objectif n'est pas tant d'atteindre une unification des connaissances en un tout homogénéisé que de se confronter à la complexité de thématiques transversales et irréductibles à un seul point de vue disciplinaire. Pour ce faire, il s'agit de favoriser à la fois l'intégration entre les disciplines académiques et la participation des acteurs extrascientifiques dans un esprit de dialogue entre science et société. Les chercheurs ont largement confirmé cette vision dans les réponses qu'ils ont apportées à la question suivante : « Dans votre pratique de recherche interdisciplinaire, vous ... » (Plusieurs réponses possibles), voir Fig. 4.3 :

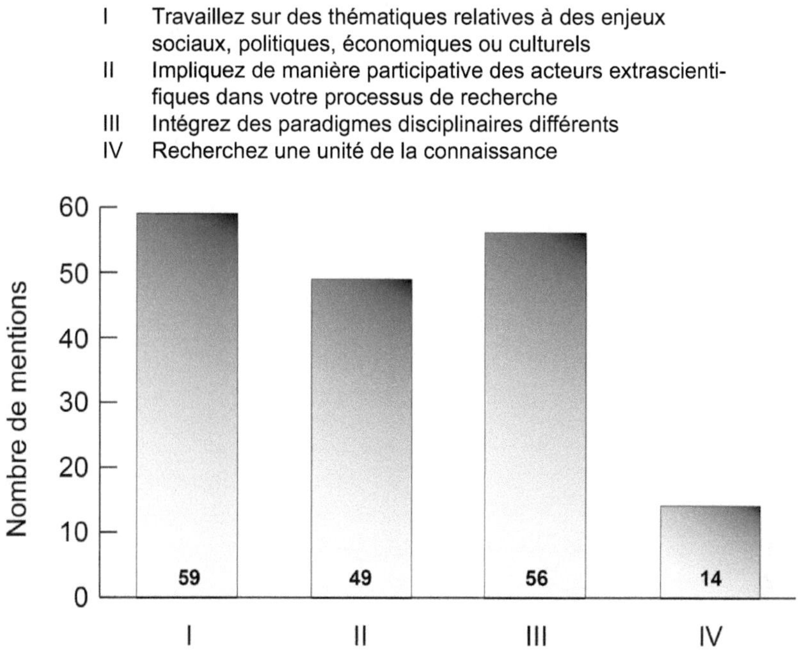

Figure 4.3 Pratiques de recherche interdisciplinaire

C5 indique qu'il « ne peut pas y avoir d'unité de la connaissance » (C5, Questionnaire). S'il « cherche naturellement à éviter les dissonances conceptuelles et d'interprétation », il ne le fait pas en visant une unité de la connaissance, mais en recherchant une « cohérence conceptuelle » entre les disciplines (C5, Questionnaire). Cette quête d'une cohérence au-delà des différences paradigmatiques entre les disciplines est doublée d'un besoin de cohérence dans la coproduction des savoirs entre ces mêmes disciplines et les acteurs extrascientifiques. Cette coproduction n'a rien d'évident comme le rappelle à juste titre C3 : « en ce qui me concerne, je ne suis pas encore parvenu à développer une réelle dynamique de recherche et développement avec les publics "non scientifiques" concernés » (C3, Questionnaire). L'approche inter- et transdisciplinaire devrait ainsi être rendue cohérente entre les disciplines non seulement au niveau de la recherche fondamentale, mais également au niveau de la recherche appliquée dans les interactions dynamiques entre les disciplines et les acteurs sociaux, économiques, politiques et citoyens. Cette capacité du travail interdisciplinaire à agir au sein de différents types de recherche (fondamentale, appliquée, participative, etc.) – voire à les combiner – se lit bien dans les réponses apportées à la question suivante : « Dans quel(s) type(s) de recherche se situent généralement vos travaux interdisciplinaires ? » (Plusieurs réponses possibles), voir Fig. 4.4 :

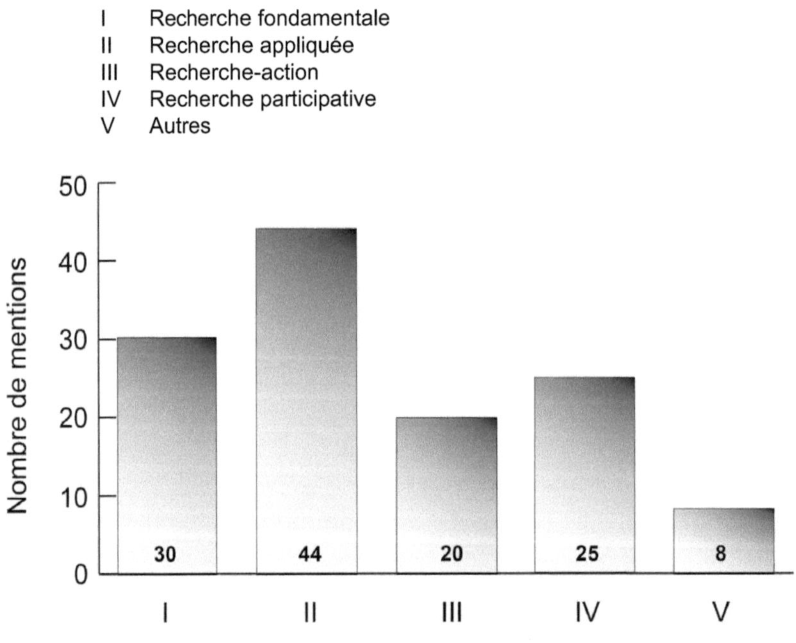

Figure 4.4 Types de recherche dans les travaux interdisciplinaires

Dans l'ensemble, les chercheurs situent leurs travaux interdisciplinaires dans les différents types de recherche, perçus comme complémentaires mais avec des variations quantitatives dans le nombre de mentions : Recherche appliquée (44 mentions), Recherche fondamentale (30 mentions), Recherche participative (25 mentions), Recherche-action (20 mentions). La liste de ces types de recherche n'est évidemment pas exhaustive. Elle a d'ailleurs été complétée dans la rubrique « Autres » par les catégories suivantes : « la recherche orientée », « la recherche fondamentale appliquée » avec une idée de mixité, et plus subtilement la « recherche interdisciplinaire » en en faisant un type de recherche à part entière. La réflexion sur le statut de la recherche interdisciplinaire par rapport aux types de recherche plus communs a d'ailleurs fait l'objet de la question subséquente : « De votre point de vue, l'approche interdisciplinaire est … » (Un seule réponse possible), voir Fig. 4.5 :

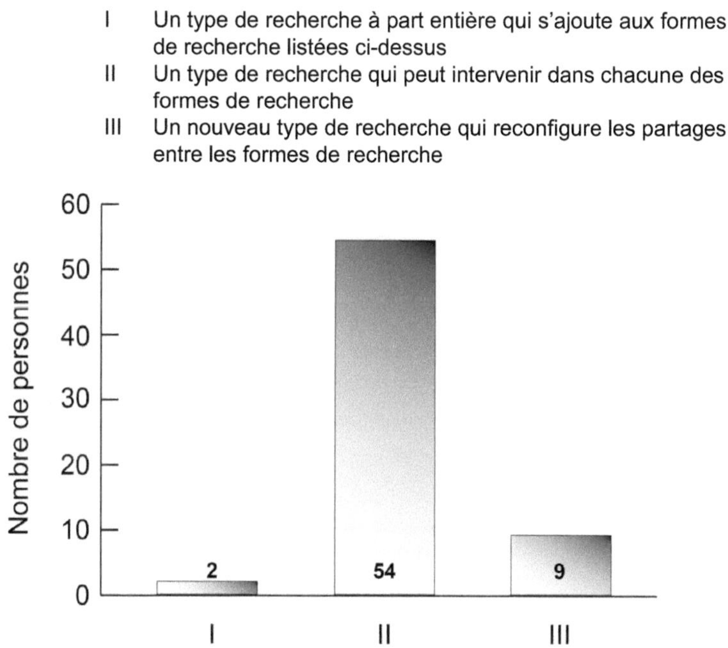

Figure 4.5 Conceptions de l'approche interdisciplinaire

En phase avec les réponses précédentes (voir Fig. 4.5), les chercheurs confirment massivement que l'interdisciplinarité est susceptible d'intervenir dans les différents types de recherche (54 sur 65). Ils ne semblent cependant pas reconnaître la recherche interdisciplinaire comme un type de recherche à part entière qui viendrait compléter le dispositif. Avec la même tendance neutralisante, seule une minorité de chercheurs semblent prêts à mettre en évidence la dimension novatrice de l'interdisciplinarité et son potentiel de reconfiguration des types de recherche plus traditionnels, alors même qu'ils revendiquent souvent – au sens positif – le caractère bricolé du travail interdisciplinaire, comme C3 par exemple : « on essaie de bricoler, on essaie d'agencer des protocoles de recherche qui ouvrent une porte… » (C3, Entretien). Bien que l'interdisciplinarité ne soit pas ou ne doive pas être pensée comme une « nouvelle discipline » (C5, Questionnaire) et qu'elle représente « une posture de recherche par définition ouverte » (C5, Questionnaire), il n'en demeure pas moins qu'elle offre certaines spécificités qui méritent toute notre attention.

4.3 De la construction théorique entre disciplines

Les divers univers théoriques et épistémologiques des chercheurs influent directement sur l'élaboration d'un cadre théorique commun et sur le déroulement du processus de recherche interdisciplinaire. Afin de mieux comprendre le lien entre ancrage(s) théorique(s) et interdisciplinarité, nous avons posé cette question aux chercheurs : « De quel(s) paradigme(s) théorique(s) ou école(s) de pensée relèvent vos travaux de recherche interdisciplinaires ? » (Plusieurs réponses possibles), voir Fig. 4.6 :

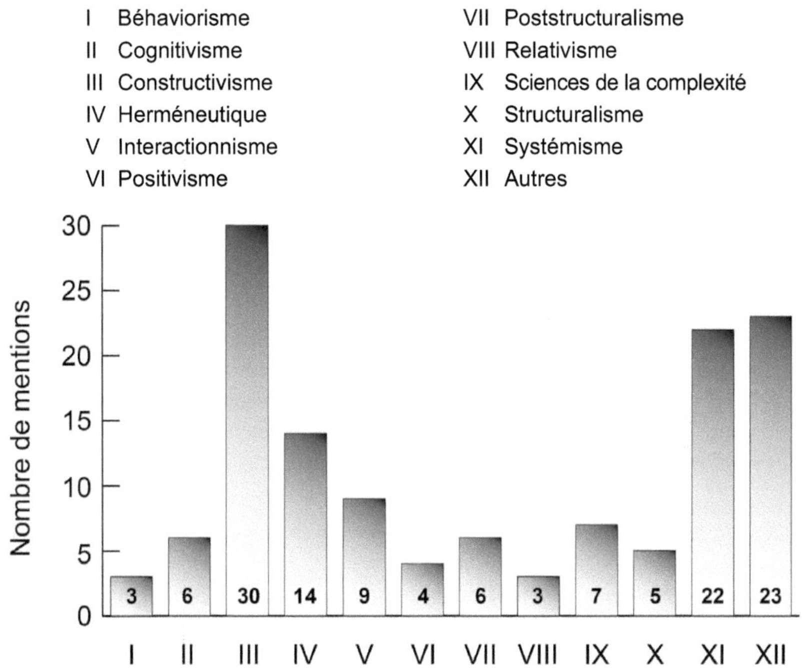

Figure 4.6 Paradigmes théoriques et écoles de pensée dans les pratiques interdisciplinaires

Le pluralisme épistémologique de la recherche interdisciplinaire se lit dans la multiplicité des ancrages théoriques et des écoles de pensée mentionnés par les chercheurs. Le constructivisme, le systémisme et l'herméneutique sont particulièrement mis en évidence. Densifiant encore l'horizon théorique du travail interdisciplinaire, 23 chercheurs s'expriment dans la rubrique « Autres », soit en complétant la liste des choix proposés (« épistémologie historique et sociale », « néo-institutionnalisme (science politique) », « postmodernisme »), soit en faisant remarquer qu'ils ne revendiquent pas d'appartenance à tel ou tel paradigme ou école de pensée spécifiques dans leurs recherches interdisciplinaires. C'est par exemple le cas de A5 qui déclare : « Je ne m'attribuerais pas à une école ». Il précise aussitôt qu'« une base épistémologique commune est une condition indispensable pour la recherche interdisciplinaire »

(A5, Questionnaire). Cette proximité épistémologique entre disciplines offre des « prémisses fondamentales » (A5, Entretien) qui permettent le dialogue interdisciplinaire. En effet, « si l'on regarde l'anthropologie et la sociologie, les frontières ne sont pas du tout claires. [...]. Les fondements épistémologiques, c'est la même chose. Il n'y a pas de différence énorme, ce n'est pas comme si je travaillais avec des biologistes ou des personnes vraiment issues d'autres traditions de pensée » (A5, Entretien). Les témoignages de C2 et F3 vont dans le même sens :

> ❮ *Alors je dirais qu'avec les collègues d'une même discipline c'est assez facile, il n'y a pas tellement de problèmes, parce qu'on partage tous cette même éthique ou déontologie du terrain. Donc, on n'a pas besoin de se convaincre les uns les autres de la manière d'approcher. Par contre, effectivement, quand on travaille avec d'autres disciplines, c'est un très long processus.* ❯ (C2, Entretien)

> ❮ *À la base, les personnes d'autres disciplines avec lesquelles je collabore ont des positions épistémologiques proches des miennes, parfois connaissent les mêmes théories, si bien que les échanges sont possibles, même si nous ne connaissons pas exactement les mêmes choses et n'avons pas exactement le même vocabulaire.* ❯ (F3, Questionnaire)

Notons toutefois que la collaboration est parfois aussi difficile au sein d'un même champ disciplinaire ou entre des champs disciplinaires proches, dans la mesure où ils peuvent aussi être traversés par des courants épistémologiques très hétérogènes. Inversement, la collaboration peut aussi être facilitée par la distance épistémologique entre des disciplines éloignées, issues des sciences humaines et sociales ou des sciences dites “dures”, car les conflits d'écoles et l'esprit de chapelle y ont moins de prise.

Les postures épistémologiques plus ou moins communes entre les chercheurs les guident dans la construction d'un cadre théorique dont la densité varie selon le nombre et la nature des paradigmes disciplinaires impliqués. Le résultat de cette co-élaboration théorique est alors plus ou moins homogène/hétérogène et diversement partagé par les chercheurs d'horizons disciplinaires différents, voire fondamentalement nouveau et fédérateur. Pour mieux saisir la perception des chercheurs par rapport aux degrés d'intégration et de partage théoriques dans leur travail interdisciplinaire, la question suivante leur a permis d'exprimer leur perception par rapport à une série d'énoncés nuancés : « Dans le cadre du développement des éléments théoriques de vos recherches interdisciplinaires, comment vous positionnez-vous par rapport aux énoncés suivants ? », voir Fig. 4.7 :

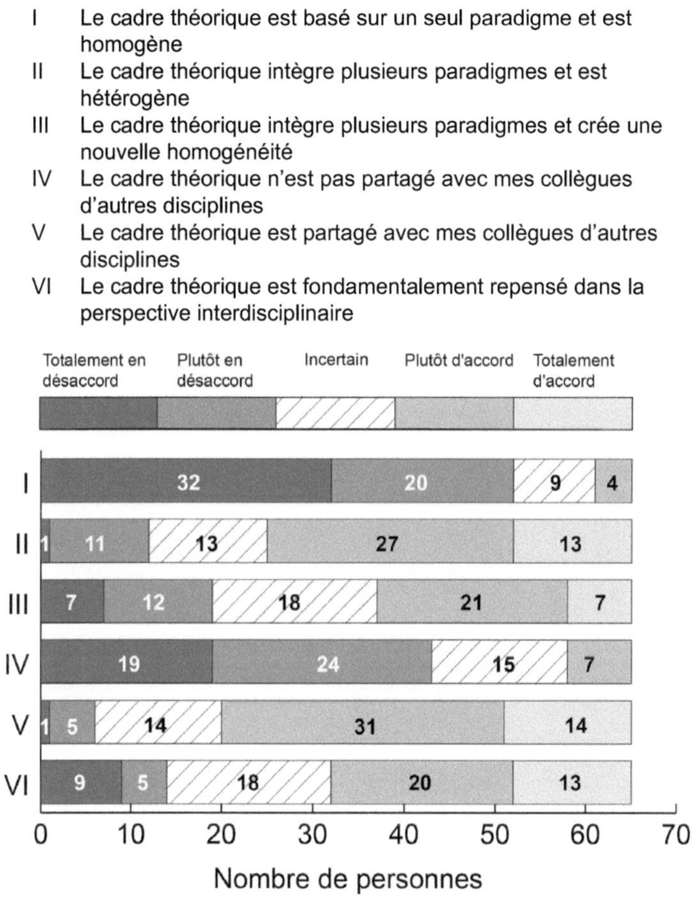

Figure 4.7 Degrés d'intégration et de partage du cadre théorique

Dans l'ensemble, les chercheurs réaffirment l'importance du pluralisme paradigmatique dans la recherche interdisciplinaire et de l'hétérogénéité théorique qui en découle (voir Fig. 4.7). Si la création d'une nouvelle homogénéité théorique à partir d'une diversité paradigmatique initiale est de l'ordre du possible, les chercheurs semblent néanmoins considérer l'hétérogénéité conceptuelle et théorique comme un avantage cognitif dans le partage des connaissances, au lieu d'y voir un obstacle indépassable au dialogue interdisciplinaire. Le degré d'hétérogénéité/homogénéité « dépend des recherches » et de leurs contextes comme l'évoque C5 : « certaines sont dans une dynamique d'intégration, créent une nouvelle homogénéité et permettent de repenser les problèmes dans une dynamique interdisciplinaire », alors que d'autres « souvent faute de moyen ou de temps sont davantage un assemblage de perspectives de différentes disciplines et sont alors plutôt hétérogènes » (E2, Questionnaire).

On constate que la moitié des chercheurs sont plutôt d'accord ou totalement d'accord avec l'idée que la perspective interdisciplinaire permet de repenser fondamentalement un cadre théorique. On retrouve ici la revendication du potentiel transformatif et novateur de l'interdisciplinarité qui travaille au cœur de l'hétérogénéité des disciplines, mais sans viser une unification théorique absolue. Le degré d'intégration et de partage entre différentes théories dépend de plusieurs variables : la plus ou moins grande compatibilité entre les disciplines impliquées, les objectifs et les thématiques de recherche; mais aussi la capacité des chercheurs à entrer dans le dialogue interdisciplinaire, à négocier, adapter et repenser leurs outils théoriques pour la recherche d'un langage commun, etc. Le propos de C4 va tout à fait dans ce sens, il le dit au sujet des droits humains :

> ❮ *Le niveau de partage du cadre théorique dépend des recherches et des chercheurs impliqués. Les droits humains forment la base toujours partagée de ce cadre théorique, mais les chercheurs apportent également des sources disciplinaires différentes, qui peuvent ou non être ou devoir être partagées, en fonction des objectifs de la recherche. Le travail interdisciplinaire permet par contre de repenser et de se repositionner par rapports à ces sources disciplinaires.* ❯ (C4, Questionnaire)

C5 précise qu'un cadre théorique « doit être homogène dans le sens où il peut combiner différents référents conceptuels » et proposer un

« cadre de compréhension cohérent » (C5, Questionnaire). De son point de vue, même si le succès n'est pas garanti, « le fait de partager un cadre théorique commun peut permettre de communiquer entre collègues » et « peut conduire à créer un cadre théorique nouveau » (C5, Questionnaire). Un cadre théorique commun serait cohérent dans la mesure où il ne se referme pas sur lui-même, mais reste « suffisamment large » comme le dit F8, de telle manière à ce « qu'on puisse accommoder différents paradigmes, différentes approches méthodologiques » (F8, Entretien). Pour E9, cette accommodation inter-théorique est un « vrai mélange »:

> « *Évidemment les autres avaient leurs théories, avec lesquelles ils travaillaient dans leur projet. Dans cette situation, on doit dire du point de vue d'une théorie de l'interdisciplinarité : nous devons développer une sorte de cadre dans lequel les différentes théories et approches sont rassemblées et mises en balance, pour ainsi dire générer une vision d'ensemble et trouver une procédure pour élaborer un cadre de synthèse et de réflexion.* » (E9, Focus Group)

La recherche d'un langage théorique commun a pour objectif de faciliter l'intercompréhension entre différents langages disciplinaires. L'objectif est bien de « mettre au point de nouveaux concepts, qui sont communs aux différentes sciences » (D1, Entretien), afin « d'obtenir des résultats vraiment originaux qui ne sont pas démontrés ou montrés par des disciplines prises individuellement » (D1, Entretien). Si chacun se contentait en effet de travailler seul dans sa discipline, on aurait « au mieux une espèce de liste des résultats de chacune des disciplines » (D1, Entretien). L'exercice de communication entre disciplines réclame ainsi une certaine souplesse mentale de la part des spécialistes qui se montrent alors capables de sortir de leur propre communauté disciplinaire et d'entrer en dialogue avec d'autres disciplines. Il faut être dans une « volonté de partage, d'écoute, [...], et quitter le bagage disciplinaire pour essayer de transgresser ce silo de compétences et puis d'aller vers l'autre » (A1, Entretien). Ce décentrement par rapport à sa propre discipline n'est pas si facile. Comme le dit D5, c'est un « défi » qui passe par la création d'un langage commun qui soit « compréhensible » par tous : « la difficulté majeure, c'est de trouver un langage commun et d'être aussi capable de communiquer vers l'extérieur » (D5, Focus Group). Il ne s'agit pas forcément de définir *a priori* la problématique de recherche et un cadre théorique commun, mais au contraire de laisser se dérouler la « dynamique de connaissances » (C5, Entretien) et de se mettre d'accord sur des « approches communes, méthodologiques, épistémologiques (C5, Entretien).

Afin d'explorer plus précisément la nature de ces processus d'échanges et de mises en commun, nous avons posé la question suivante aux chercheurs : « Dans votre pratique de recherche, comment organisez-vous les échanges et la circulation des idées, des concepts, des théories ou des méthodes entre disciplines ? ». Les chercheurs avaient le choix entre les énoncés suivants (plusieurs réponses possibles), voir Fig. 4.8 :

I Par la confrontation des concepts, théories ou méthodes issus de différentes disciplines
II Par une division du travail en points de vue complémentaires
III Par des pratiques d'importation et d'exportation (de transfert) de concepts, de théories ou de méthodes entre différentes disciplines
IV Par des pratiques de renouvellements conceptuels, théoriques ou méthodologiques dans et entre les disciplines
V Par des pratiques d'unification entre les concepts, théories et méthodes

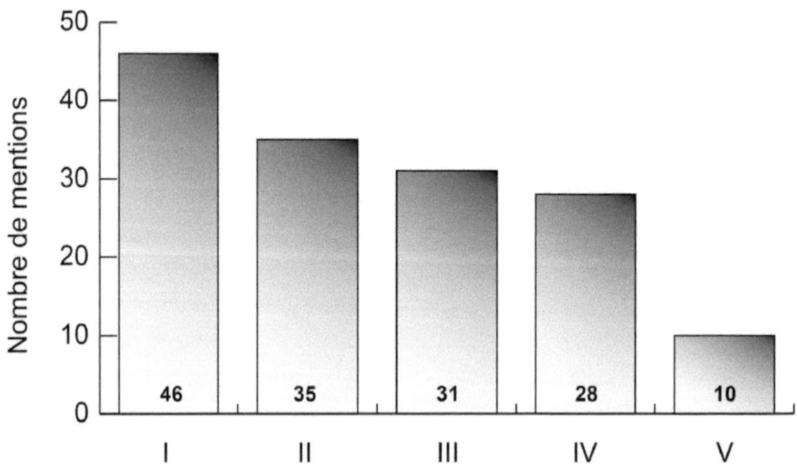

Figure 4.8 Modalités d'échanges et de circulation entre disciplines

Les modalités d'échanges entre les disciplines (voir Fig. 4.8) ne renvoient visiblement pas à des pratiques dominantes d'unification entre les divers concepts, théories ou méthodes spécifiques à chaque discipline (un constat d'ailleurs en phase avec la réponse apportée à l'item IV de la Fig. 4.3). Il s'agit plutôt de favoriser la confrontation entre ces éléments constitutifs des disciplines, en organisant la division du travail en points de vue complémentaires. Les chercheurs mentionnent également l'importance des mécanismes d'import-export dans la circulation et le renouvellement des concepts, théories ou méthodes entre et au-delà des frontières disciplinaires. C4 et C5 explicitent bien ce processus : « les concepts sont comparés, discutés et réinterprétés à la lumière des apports des diverses disciplines » (C4, Questionnaire). Ce travail de réinterprétation conduit à une « redéfinition des concepts » (C5, Questionnaire) qui permet de « créer un objet intermédiaire et frontière au sein de la communauté de recherche interdisciplinaire » (C5, Questionnaire). C5 précise cette démarche lors de son entretien :

> « *Le but ce n'était pas d'avoir un projet multidisciplinaire, où chacun contribue avec sa discipline à un questionnement, mais vraiment d'avoir un questionnement pluraliste et puis intégré. Qu'est-ce qu'on a fait ? Après une année où on avait un peu de peine à se comprendre, à définir des définitions communes, parce que c'était différent d'une discipline à l'autre. On a plus au moins convergé sur un concept commun. On l'a situé dans la littérature par rapport à différentes théories, cadres de référence, etc.* » (C5, Entretien)

Le travail de convergence vers un concept commun n'est pas immédiat, car il doit prendre en considération la diversité des conceptions selon les disciplines, tout en organisant le travail en équipe. B1 et C3 en rendent bien compte :

> « *Je voulais juste dire, par rapport à l'importance d'avoir un vocabulaire commun, pour instaurer ce dialogue interdisciplinaire. Avec des concepts comme la santé, le bien-être, sur lesquels on a travaillé avec des chercheurs issus de différentes disciplines, en psychologie, sociologie, épidémiologie. Comme il n'y a pas de consensus sur les définitions, chacun a sa perception. Donc, c'est vraiment important de travailler dès le départ sur des concepts communs.* » (B1, Focus Group)

> « *Les échanges et la circulation des idées, des concepts, des théories ou des méthodes entre disciplines a pour condition sine qua non un travail de co-élaboration en équipe qui s'avère souvent long, car on sous-estime souvent les fondements et la complexité des disciplines des autres collègues et, symétriquement, on sous-estime les difficultés pour ces derniers d'entrer dans nos propres modes de raisonnement et de pratiques de recherche.* » (C3, Questionnaire)

Le processus de co-élaboration théorique entre chercheurs de différentes disciplines s'inscrit nécessairement dans une temporalité à moyen ou long terme. Cette période d'« effervescence », selon l'expression de H5 (Focus Group), favorise les échanges et les synergies autour d'un projet commun. Elle est un moment fort du processus de recherche interdisciplinaire, durant lequel les chercheurs – même s'ils ne sont pas « forcément sur la même longueur d'onde » (H5, Focus Group) – forgent leur « fibre interdisciplinaire » (H5, Focus Group).

4.4 Méthodes de recherche et interdisciplinarité

Au pluralisme épistémologique de la recherche interdisciplinaire répond un pluralisme méthodologique. De même que pour la construction théorique du travail interdisciplinaire (4.3), l'utilisation et l'élaboration de méthodes de recherche issues de différentes disciplines sont un enjeu central qui fait l'objet de discussions et de négociations entre chercheurs. Partant de la prétendue dichotomie entre la recherche qualitative et la recherche quantitative, nous voulions savoir si les chercheurs se situent dans l'un ou l'autre de ces types de recherche ou s'ils tentaient au contraire de les mixer. La question suivante leur a été posée : « Quel type d'approches méthodologiques utilisez-vous généralement dans vos recherches interdisciplinaires ? » (Une seule réponse possible).

Si l'on repère plusieurs occurrences de purisme qualitatif, suivies de quelques occurrences de purisme quantitatif, la grande majorité des chercheurs indiquent qu'ils optent plutôt pour une mixité des approches quantitatives et qualitatives, avec une dominance de l'une ou de l'autre; la dominance qualitative ayant néanmoins tendance à l'emporter, voir Fig. 4.9 :

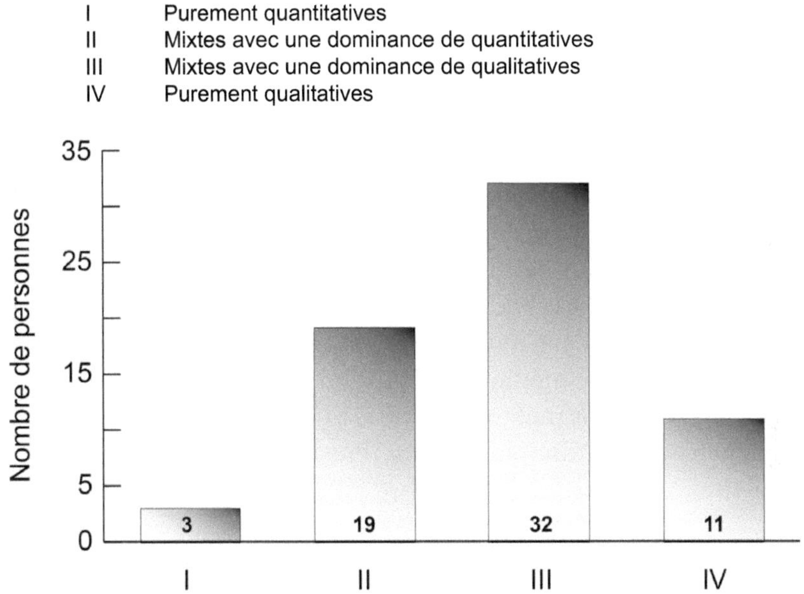

Figure 4.9 Mixité des approches méthodologiques dans la recherche interdisciplinaire

Mixer les approches semble être le moyen le plus sûr pour analyser la complexité des thématiques interdisciplinaires, celles-ci demeurant en principe irréductibles à une vision purement quantitative ou qualitative. Sans vision exclusive, le mixage des approches permet un apprentissage mutuel entre chercheurs de disciplines et de cultures scientifiques différentes et dont les pratiques méthodologiques sont parfois divergentes. Comme le mentionne E1, il faut en effet « apprendre à travailler avec d'autres, même avec des collègues naturalistes et des ingénieurs, ce ne sont pas les mêmes rythmes, ce ne sont pas les mêmes soucis » (E1, Focus Group). Cette démarche d'apprentissage « nécessite beaucoup d'ajustements, une motivation, une volonté de partager, d'avoir une espèce d'apprentissage réciproque et de co-construire la méthode pour amener à des recommandations partagées, à une intervention pratique » (E1, Focus Group). Ce processus « très itératif », « ce temps de dialogue, de concertation, de mise au point méthodologique » est nécessaire, afin que chacun puisse aussi « tirer bénéfice de ce qui est mis en partage avec les autres » (E1, Focus Group). Comme le dit également A1, le dialogue permet de trouver un « terrain d'entente » (A1, Focus Group) sur l'approche méthodologique à adopter, sachant que « ni le protocole, ni le langage ne peuvent être prédéfinis, parce que ça va dépendre de notre thématique au départ et des gens autour de la table [...]; il y a quelque chose de spécifique à chaque problématique interdisciplinaire ». « Il n'y a pas de recette miracle, il n'y a pas un protocole, step 1, step 2, ... » (A1, Focus Group).

Plus spécifiquement, nous avons alors demandé aux chercheurs de préciser leurs choix méthodologiques en leur posant la question suivante : « Quels outils méthodologiques utilisez-vous généralement dans vos recherches interdisciplinaires ? » (Plusieurs réponses possibles), voir Fig. 4.10 :

I	Statistique	IX	Entretien semi-directif
II	Modélisation	X	Entretien non-directif
III	Expérimentation	XI	Focus Group
IV	Travail d'archives et analyse documentaire	XII	Observation directe
V	Étude de cas	XIII	Observation indirecte
VI	Analyse de contenu	XIV	Observation participante
VII	Questionnaire	XV	Autres
VIII	Entretien directif		

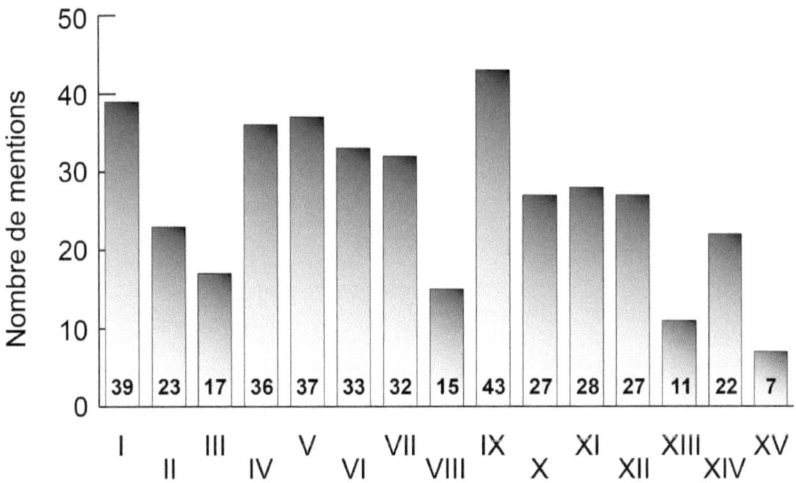

Figure 4.10 Outils méthodologiques utilisés dans la recherche interdisciplinaire

Avec d'inévitables variations dans le nombre de mentions, on peut dire que la variété des outils méthodologiques présents dans les choix disponibles est représentative du large éventail de méthodes qualitatives et quantitatives que les chercheurs mobilisent dans leurs pratiques de recherche interdisciplinaires. De la statistique ou de la modélisation à l'entretien semi-directif, en passant par l'analyse documentaire, l'étude de cas, l'analyse de contenu ou encore le questionnaire, la pluralité de méthodes semble particulièrement adaptée au travail interdisciplinaire. Ce pluralisme méthodologique n'est pas statique, il est au contraire dynamique, dans la mesure où, comme le précise D10, « les méthodes sont constamment mises en cause et améliorées » (D10, Questionnaire). Ce dynamisme est « absolument essentiel » au sens de C2, il est le gage d'une « créativité en termes méthodologiques » (C2, Entretien). Bien que chaque méthode ait ses spécificités, elle peut aussi se moduler selon le contexte de la recherche et servir différents objectifs. C'est ce qu'explique par exemple A6 à propos de la méthode du Focus Group :

> ❮ *On peut comprendre un Focus Group ou un entretien du point de vue des sciences sociales classiques comme des méthodes de recueil de données [...]. Dès que l'on comprend un Focus Group comme un échange entre experts dans un contexte transdisciplinaire, dans lequel son vis-à-vis devient une partie du processus transdisciplinaire et où on a peut-être même déjà défini la problématique commune avec cette personne, il signifie plutôt une intervention et un instrument de collaboration. [...]. Dans la plupart des cas, c'est plutôt un workshop que l'on a organisé sur la base d'un Focus Group dans un processus transdisciplinaire.* ❯ (A6, Entretien)

Le dynamisme interdisciplinaire peut aussi conduire à élaborer de nouvelles méthodes, à la croisée de plusieurs compétences méthodologiques. C'est ce qu'a entrepris F8 dans un projet de collaboration, dont l'objectif est de cartographier la végétation :

> ❮ *Nous pouvons prendre un exemple : la cartographie de végétation. Nous avons réfléchi sur la manière de réunir la cartographie de végétation avec le changement d'affectation des sols et des acteurs qui sont impliqués dans ce processus. Ici se pose la question de savoir comment on peut avoir le même rapport spatial. Nous avons développé de nouvelles méthodes de cartographie de végétation, en collaboration avec des biologistes, où le but n'était pas d'avoir une carte précise de la société végétale, mais de savoir en quel endroit, en quelles quantités et en quelles proportions ces sociétés végétales se trouveraient.* ❯ (F8, Entretien)

Comme explicité ci-dessus, il n'y a pas de « recette miracle » dans les pratiques interdisciplinaires. En effet, il n'y a pas une seule méthode, mais plutôt de nouvelles combinaisons mixtes d'outils existants, voire des générations de nouvelles méthodes de recherche. B4 va tout à fait dans ce sens : « Il n'y a pas une méthode interdisciplinaire. C'est dans l'échange concret que les choses se jouent » (B4, Entretien). La pluralité méthodologique, l'articulation de différentes méthodes, leur intégration dans une approche combinée et l'élaboration de nouvelles méthodes sont visiblement des caractéristiques de la recherche interdisciplinaire. L'importance de ces caractéristiques est confirmée par les réponses que les chercheurs ont apportées à cette question : « Selon vous, la recherche interdisciplinaire demande … » (Plusieurs réponses possibles), voir Fig. 4.11 :

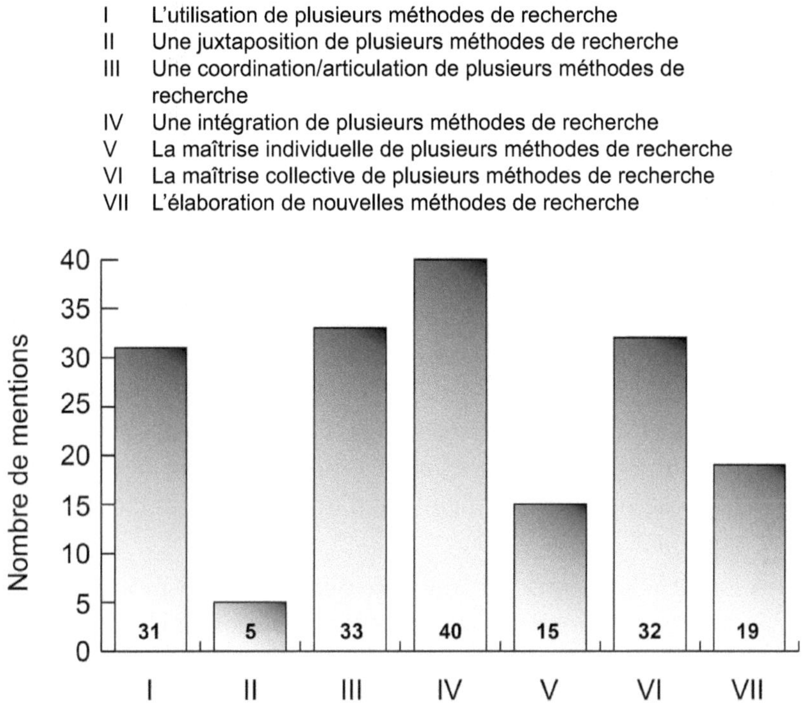

Figure 4.11 Méthodes de recherche : modalités d'usage dans l'interdisciplinarité

Le travail interdisciplinaire, qui se fonde sur une maîtrise individuelle de plusieurs méthodes de recherche, est possible, même si la maîtrise collective est plutôt mise en évidence dans une dynamique de partage et de collaboration. Les usages des méthodes de recherche dans l'interdisciplinarité varient de cas en cas, selon la configuration pluridisciplinaire des groupes de recherche, selon les thématiques et les questionnements spécifiques. La combinatoire de méthodes est souvent réalisée sur mesure : les chercheurs ne suivent pas de « méthode standard » (C2, Entretien) dans leur « écosystème » de travail interdisciplinaire (C2, Entretien); comme déjà remarqué ci-dessus, il n'y a pas de « protocole prêt à l'avance, prêt à l'emploi » (E1, Focus Group). Concluons ainsi ce chapitre en rappelant l'importance de la créativité non standardisée et du pluralisme épistémologique, théorique et méthodologique dans la recherche interdisciplinaire et laissons à ce sujet le mot de la fin à C5 :

> ❮ *Une approche pluraliste se veut pragmatique. C'est à dire qu'elle ne range pas les disciplines ou les théories dans des boîtes closes, mais les utilise et les recombine comme des ressources complémentaires pour construire une analyse et une interprétation novatrice d'un objet d'étude.* ❯ (C5, Questionnaire)

Points forts

→ Il existe un relatif consensus sur les définitions de la disciplinarité, de la multi-pluri-disciplinarité, de l'interdisciplinarité et de la transdisciplinarité. Ces définitions ne font par contre pas toujours l'objet d'une discussion et d'une négociation entre les membres d'un même groupe de recherche.

→ La recherche inter- et transdisciplinaire est un processus dynamique qui se fonde sur une organisation pluri-multidisciplinaire des savoirs et qui vise le dépassement des frontières entre les disciplines.

→ En se confrontant à la complexité de thématiques transversales et irréductibles à un seul point de vue disciplinaire, il s'agit de favoriser l'intégration entre les disciplines académiques et la participation des acteurs extrascientifiques, dans un esprit de dialogue entre science et société.

→ La recherche interdisciplinaire peine encore à être reconnue comme un type de recherche à part entière. Sa force novatrice et transformatrice tend parfois à être neutralisée.

→ Les divers univers théoriques et épistémologiques des chercheurs influent directement sur l'élaboration d'un cadre théorique commun et sur le déroulement du processus de recherche interdisciplinaire.

→ Le degré d'intégration et de partage entre différentes théories dépend de plusieurs variables : la plus ou moins grande compatibilité entre les disciplines impliquées, les objectifs et les thématiques. La perspective interdisciplinaire permet aussi de repenser fondamentalement un cadre théorique.

→ La recherche d'un langage théorique commun a pour objectif de faciliter l'intercompréhension entre différents langages disciplinaires. Cette démarche réclame une certaine souplesse mentale de la part des spécialistes qui se montrent capables de sortir de leur propre communauté disciplinaire et d'entrer en dialogue avec d'autres disciplines.

→ Les mécanismes d'import-export jouent un rôle important dans la circulation et le renouvellement des concepts, théories ou méthodes entre et au-delà des frontières disciplinaires.

→ Le mixage des méthodes permet un co-apprentissage entre chercheurs de disciplines et de cultures scientifiques différentes.

→ Le dynamisme interdisciplinaire peut conduire à l'élaboration de nouvelles méthodes de recherche.

Chapitre 5

La collaboration interdisciplinaire

5.1 Formes de collaboration et apprentissage mutuel

Le travail interdisciplinaire mobilise des chercheurs issus de différentes disciplines plus ou moins connexes et travaillant en équipe. La dynamique de groupe et les modalités de collaboration entre les chercheurs influent directement sur la co-construction des connaissances dans le processus de recherche interdisciplinaire. Un nombre important de variables interviennent dans la collaboration interdisciplinaire et leur combinaison en conditionne le plus ou moins grand succès : les motivations individuelles et collectives, les moyens et les pratiques de communication, les relations interpersonnelles entre les chercheurs au sein de la communauté scientifique mais aussi avec les acteurs extra-académiques. Les pratiques langagières jouent également un rôle central dans les échanges entre chercheurs qui co-construisent les savoirs, les re-formulent et les transforment au cours de leurs interactions dialogiques, entre et au-delà des langages disciplinaires et des cultures scientifiques[1].

De manière générale, les chercheurs qui ont participé à notre enquête mettent un accent particulier sur l'importance de la collaboration et du travail interactif dans leurs pratiques de recherche interdisciplinaire. Ils tendent également à participer de préférence à des formes de recherches collaboratives et collectives. La série d'énoncés contenue dans la question suivante : « Concernant votre participation à la recherche interdisciplinaire, indiquez si vous êtes plus ou moins d'accord avec les énoncés suivants » (voir Fig. 5.1) a permis aux chercheurs d'exprimer leurs perceptions globalement très positives de la collaboration interdisciplinaire : obtenir de précieux résultats scientifiques; résoudre un problème

1 La question des pratiques plurilingues dans la recherche interdisciplinaire et leur rôle de mise en relation de chercheurs issus de langues-cultures différentes sont abordés de manière spécifique dans la publication suivante, également basée sur les résultats de notre recherche : « Pratiques langagières et plurilinguisme dans la recherche interdisciplinaire : d'une perspective *mono* à une perspective *pluri* » (Steffen, Sedooka, Paulsen & Darbellay, 2015).

de recherche complexe; comprendre d'autres disciplines pour informer ses propres recherches et comprendre ce que sa discipline apporte aux autres disciplines. La plupart des chercheurs interrogés ont l'habitude de travailler de façon interactive avec des collègues d'autres disciplines ou d'autres champs scientifiques. Seul quelques chercheurs estiment devoir concentrer leurs efforts de recherche dans leur propre discipline.

I J'ai tendance à être plus productif-ve en travaillant sur mes propres projets de recherche disciplinaire que lorsque je travaille en tant que membre d'une équipe de recherche interdisciplinaire.

II Il y a tellement de travail à réaliser dans mon domaine que je pense qu'il est important de concentrer mes efforts de recherche individuelle ou collective dans ma propre discipline.

III Tout en travaillant sur un projet de recherche au sein de ma discipline, je ressens parfois le besoin de rechercher le point de vue des autres disciplines en essayant de répondre à certaines parties de mes questions de recherche.

IV Même si je me base principalement sur les connaissances de ma discipline, j'ai l'habitude de travailler de façon interactive avec des collègues d'autres disciplines pour résoudre un problème de recherche.

V Je pense qu'il est important que les chercheurs se concentrent sur l'augmentation de la compréhension de leur propre discipline afin de collaborer plus efficacement avec des collègues d'autres disciplines.

VI Je pense que les avantages de la collaboration entre chercheurs de différentes disciplines l'emportent généralement sur les inconvénients et les coûts cognitifs de ces travaux.

VII Dans mon propre travail, j'intègre généralement des perspectives d'orientations disciplinaires qui sont différentes de la mienne.

VIII Bien que j'aie été formé-e dans une discipline spécifique, je consacre beaucoup de mon temps à la compréhension d'autres disciplines afin d'informer mes recherches.

IX Je suis convaincu-e que la collaboration avec des collègues d'autres disciplines donne de précieux résultats scientifiques qui n'auraient pas émergé sans cette interaction.

X En raison de mon implication dans la recherche interdisciplinaire, j'ai une meilleure compréhension de ce que ma propre discipline apporte aux autres.

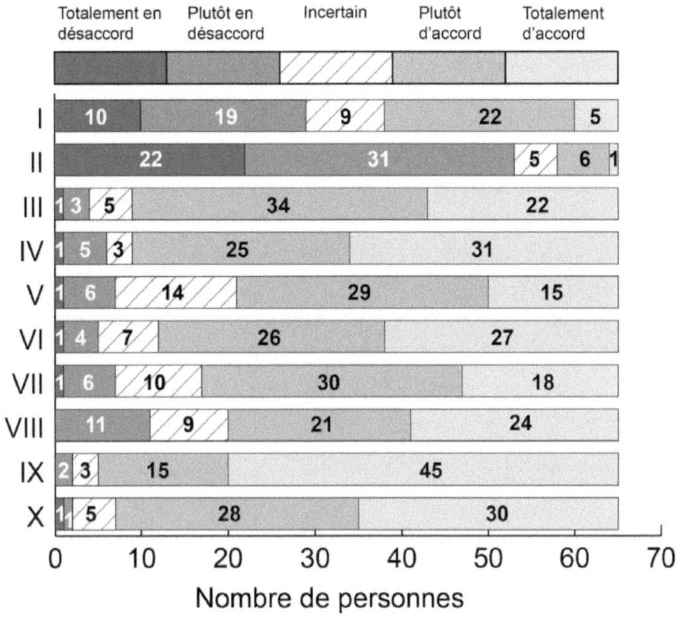

Figure 5.1 Effets de la participation à la recherche interdisciplinaire

Dans la pratique, la recherche scientifique, et encore plus spécifiquement la recherche interdisciplinaire, s'effectue en équipe et en collaboration, comme en atteste par exemple C5 : « La recherche est très difficile à réaliser individuellement en général, indépendamment de la discipline ou de l'interdisciplinarité » (C5, Entretien). Les discours et les intentions d'ordre théorique sur la recherche interdisciplinaire, selon lesquels celle-ci pourrait se réaliser de manière individuelle, sont contrebalancés par le vécu des pratiques de recherche qui met plutôt l'accent sa dimension collective. Selon B5, l'expérience collaborative constitue un mode collectif d'apprentissage plus efficace que le mode individuel pour acquérir de multiples compétences :

> « *On peut le faire individuellement ! Moi, de manière générale, je préfère travailler en équipe. Et je crois que c'est plus simple de le faire en équipe… ça prend certainement beaucoup plus de temps d'acquérir ces compétences soi-même au lieu de les avoir en échange et d'apprendre en faisant, et d'apprendre par la collaboration. Mais je crois que c'est, en principe, c'est possible !* » (B5, Entretien)

Le témoignage de A5 va dans le même sens. Il évoque la pertinence du recours à d'autres compétences disciplinaires et la nécessité de la discussion interdisciplinaire en groupe plutôt qu'une approche purement individuelle :

> « *Donc pour moi, ce sont deux choses un peu différentes. Je ne discute pas avec moi-même des autres disciplines, ça c'est évident, mais j'ai tout mon « background ». […]. Donc je peux mobiliser ces différents champs disciplinaires, mais quand je ne connais pas une discipline ou des approches théoriques, ou des concepts importants d'une autre discipline, là je ne peux pas être moi-même interdisciplinaire. Là, il faut qu'on travaille à deux et qu'on discute justement comment mettre ensemble les choses, comment on peut lier, est-ce que c'est complémentaire ou est-ce qu'il y a des divergences, etc.* » (A5, Entretien)

C6 rapporte son expérience de recherche interdisciplinaire, durant laquelle la collaboration a donné lieu à une « véritable » interaction qui a permis de « vivre l'interdisciplinarité ». La réussite de cette collaboration tient à ses yeux à trois éléments organisationnels principaux, à savoir : des « meetings » d'un après-midi une fois par mois; l'utilisation d'un outil collaboratif de visualisation; et un workshop-scénario. C6 insiste surtout sur l'importance du travail en commun :

> « *J'ai le sentiment qu'avec ce projet on met beaucoup de valeur sur le travail en commun. Je pense que nous nous voyons souvent en comparaison avec d'autres projets. […]. Et je le vis très intensivement, comme quelque chose de commun, auquel nous travaillons ensemble. Nous vivons en quelque sorte l'interdisciplinarité.* » (C6, Entretien)

L'élaboration d'un projet cohérent, qui intègre les différentes disciplines et les axes thématiques représentés dans le groupe de recherche, se réalise dans et par le travail collaboratif. Ce processus d'intégration est plus qu'une simple « intersection » entre différentes disciplines, comme le met en évidence F5 :

> « *Je dirais que j'ai bénéficié de l'aspect interdisciplinaire, parce que ça m'a réellement forcé à m'intéresser à d'autres connaissances, à d'autres types d'outils. Ça nous a vraiment forcé à chercher l'aspect intégratif plutôt que simplement cette espèce d'intersection.* » (F5, Focus Group)

L'implication des chercheurs dans la collaboration interdisciplinaire n'est pas toujours identique ni équitable et il faut reconnaître cette diversité des formes collaboratives et des contributions individuelles qui peuvent être réalisées à différents degrés et niveaux.

> ❮ *Il y a différents niveaux de contribution en fait, il y a des collègues qui peuvent amener (d'autres disciplines) des contributions je dirais factuelles, en fournissant des faits, des informations, etc. et puis, d'autres qui peuvent vraiment devenir des interlocuteurs, au même titre que quelqu'un de sa propre discipline.* ❯ (C2, Entretien)

Sur la base des entretiens et des Focus Groups réalisés avec les chercheurs, nous pouvons repérer deux grandes tendances dans les formes de collaboration interdisciplinaire : premièrement, une mise en commun de travaux pré-élaborés individuellement; deuxièmement, une élaboration commune et intégrée de la recherche. Dans la première forme de collaboration, le processus de recherche se déroule d'abord et en grande partie individuellement. Le travail collectif intervient seulement dans un deuxième temps, au cours de la mise en commun ou de la mise en relation des résultats et des apports des différents membres de l'équipe. Cette forme est décrite comme étant la plus fréquente dans la recherche interdisciplinaire, ce que déplorent d'ailleurs certains chercheurs. Ceux-ci regrettent en effet que le processus de recherche se déroule souvent de manière plutôt individuelle : « chacun de son côté » (D1, Entretien), « chacun dans son coin » (E1, Entretien). « Chacun, en gros, a suivi sa logique disciplinaire et puis, on s'est dit qu'à la fin, ça donnerait un éclairage interdisciplinaire, ce qui est à moitié vrai ! » (D1, Entretien). Au final, ce ne sont que les résultats qui sont mis en commun et en relation au terme du processus de recherche, par exemple dans les fameux rapports de synthèse.

> ❮ *Il n'y a pas de forte itérativité ou une itération dans le partage interdisciplinaire parce que c'est un réseau européen qui n'a pas le temps de se mettre vraiment dans la proximité pour analyser précisément une méthode mise en place et ce qu'ils font… On partage plutôt des résultats et on essaie de faire des relations.* ❯ (E1, Entretien)

Quant à la deuxième forme de collaboration, le processus de recherche s'y déroule de manière collective dès le départ de l'enquête. Les différentes étapes du processus de recherche se construisent en groupe et elles intègrent les apports de chaque membre de l'équipe. Le plus souvent, cette forme est considérée comme la plus à même de produire de réels résultats interdisciplinaires, car elle permet une approche commune qui intègre les différentes perspectives disciplinaires de chacun, même si elle nécessite beaucoup de temps.

> « *Oui, explicitement interdisciplinaire parce que ça veut dire que les enseignants qui donnent ces formations sont aussi obligés de créer un écosystème interdisciplinaire et ça prend du temps. La première année c'est pas terrible, la deuxième année c'est moyen… et à la troisième-quatrième année ça commence à... il y a un rapport de confiance qui s'est créé.* » (C2, Entretien)

Les chercheurs soulignent également la nécessité de l'interaction et de l'échange serré face-à-face dans le processus de recherche en général, mais tout particulièrement dans la recherche interdisciplinaire, de telle manière à aboutir à un projet de recherche commun qui intègre les apports de chaque membre de l'équipe (leurs divers apports disciplinaires, leurs perspectives et approches différentes). Selon C2, cette forme de collaboration peut permettre aux chercheurs d'« incorporer » d'autres visions disciplinaires dans leurs discours et de « devenir un peu hybrides » :

> « *Ce que je trouve assez beau, c'est que […] si je pense à mes collègues en biologie ou en médecine, ils vont incorporer une vision des sciences sociales dans leur discours. Ils deviennent un peu sociologues, un peu anthropologues, c'est ça qu'il faut viser en fait, c'est d'avoir aussi des enseignants, au travers de ces cours, qui deviennent eux-mêmes un peu hybrides. Après, c'est beaucoup plus facile de faire de la recherche interdisciplinaire.* » (C2, Entretien)

Ces pratiques d'incorporations réciproques et d'échanges de compétences entre disciplines permettent un apprentissage mutuel, processus durant lequel les positions potentiellement divergentes des membres du groupe sont exploitées afin de mieux atteindre le but commun fixé. L'empathie entre les membres d'une équipe, l'altruisme, la valorisation mutuelle et la volonté de partager sont autant de facteurs qui consolident les échanges, les ajustements et les apprentissages entre collègues :

> ❮ *Je crois qu'il y a à la fois un partage pour fixer les dimensions de la thématique, mais il y a aussi un partage pour savoir quelle méthodologie on met en place. [...]. C'est une forme d'ajustement et c'est aussi l'intérêt. Donc, c'est qu'on apprend à travailler avec d'autres [...]. Il y a, à la base, une motivation, une volonté de partager, d'avoir une espèce d'apprentissage réciproque.* ❯ (E1, Focus Group)

Cette volonté de collaboration risque par contre d'échouer lorsque dominent les intérêts particuliers et les positions exclusives de chacun, le tout renforcé par une logique de relations hiérarchiques.

> ❮ *Parce que ce qui est un des problèmes principaux pour un groupe d'étude, c'est de développer des compétences communes qui mènent, ou plutôt devraient mener, à un véritable « Denkollektiv » (collectif de pensée). C'est là que les relations interpersonnelles, en vue du processus d'apprentissage et donc aussi comme processus psychologique, sont un élément crucial, tout autant que l'interaction au cœur de la thématique. Donc, si le « Team » arrive à rester en contact direct avec tous ses membres et à agir constructivement sous une structure de pouvoir, en acceptant que dans une société il existe simplement des positions différentes, et si on sait exploiter constructivement ces positions en vue d'atteindre plus facilement les buts communs, cela fonctionne généralement très bien.* ❯ (A8, Entretien)

Ces aptitudes d'ouverture à la collaboration et à l'apprentissage mutuel sont importantes, mais elles ne vont pas de soi et elles sont particulièrement cruciales en début de carrière académique. Visiblement, les doctorants devraient en effet être mieux soutenus dans cet apprentissage de la collaboration interdisciplinaire. C'est par exemple l'avis de G3, assez largement partagé :

> ❮ *En tout cas dans mon cas, le doctorant doute énormément de la pertinence de son travail. Enfin il y a énormément de choses qui le bloquent, et s'il n'est pas pris par la main, ça va beaucoup dépendre en fait de sa maturité ou de sa personnalité pour aller s'ouvrir à d'autres domaines. [...]. Les doctorants sont laissés à eux-mêmes et ils apprennent sur le tas. C'est vraiment quelque chose qui manque et à mon avis qui, enfin pour rester dans le terme de l'interdisciplinarité, pose problème.* ❯ (G3, Entretien)

5.2 Valeurs, relations humaines et participation

Les valeurs de confiance, de respect et de tolérance réciproques entre collègues issus de différentes disciplines et cultures scientifiques semblent particulièrement importantes dans la collaboration interdisciplinaire. Les chercheurs ont été invités à réfléchir à ces dimensions axiologique et relationnelle : « En vous référant à vos relations avec vos collègues d'autres disciplines, indiquez si vous êtes plus ou moins d'accord avec les énoncés suivants », voir Fig. 5.2 :

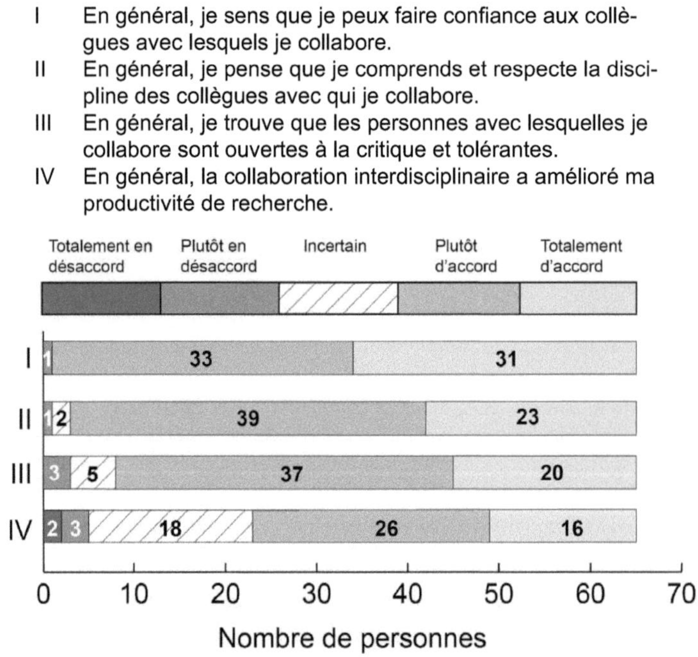

Figure 5.2 Relations avec des collègues d'autres disciplines

La presque totalité des chercheurs affichent leur sensation de confiance, de compréhension et de respect envers leurs collègues d'autres disciplines. Ils sont aussi nombreux à considérer leurs collègues comme ouverts à la critique et tolérants. Si la collaboration interdisciplinaire est largement perçue comme une activité qui permet d'améliorer la productivité des chercheurs, son impact réel n'est pas toujours mesurable et il est parfois incertain. Il faut aussi souligner que l'énergie consacrée à l'établissement d'un «climat de confiance» (B4, Entretien) pour le bon déroulement de la collaboration présente un coût temporel relativement conséquent : «On ne peut pas faire de la collaboration sans des relations humaines de qualité, donc il y a un climat de confiance à installer et alors l'inconvénient est que ça prend énormément de temps» (B4, Entretien). Le témoignage de C2 va dans le même sens :

> ❮ *Je pense qu'un des problèmes c'est qu'effectivement, la recherche interdisciplinaire prend beaucoup plus de temps, il y a un phénomène d'appropriation des concepts [...]. Il faut créer de la confiance dans les équipes, il y a souvent pas mal de malentendus, ne serait-ce que sur le lexique de base, la terminologie qu'on utilise.* ❯ (C2, Entretien)

La question de l'intercompréhension dépend en effet des différents langages et termes disciplinaires utilisés par les chercheurs. La diversité des langages spécialisés – plus ou moins spécifiques aux disciplines ou domaines de recherche mis en contact lors de la collaboration interdisciplinaire – semble être particulièrement grande. L'intercompréhension entre collègues peut alors se jouer au niveau de la terminologie et du langage spécialisé qui donne souvent lieu à des négociations et des interprétations collectives au sein des équipes. Pour B6, la question de l'intercompréhension se situe au niveau sémantique : il est nécessaire de clarifier la terminologie et les notions. Celui-ci précise surtout que cela nécessite plus de temps :

> ❮ *Il y avait certainement au début ce niveau linguistique ou sémantique, mais aussi des termes spécifiques, par exemple au niveau de l'urbanisme, qui n'existent même pas en Allemagne... ça a joué un rôle, mais pas qualitatif, mais plutôt qui m'a mis dans une situation dans laquelle je me suis senti en insécurité, où je me suis dit : cela je dois le clarifier un jour. Mais ce n'était vraiment pas au niveau du projet mais en lien avec les personnes, que j'ai eu besoin de plus de temps pour comprendre les termes et pour m'intégrer.* ❯ (B6, Entretien)

La clarification des termes et des concepts préside au développement d'un langage commun, en fonction des disciplines des chercheurs impliqués; un langage qui n'est pas préconstruit mais qu'il s'agit de créer : « Le défi est de créer une langue commune qui soit compréhensible à quelqu'un qui est extérieur voire à nous-même. [...]. La difficulté majeure c'est de trouver un langage commun et d'être aussi capable de communiquer vers l'extérieur » (D5, Focus Group). Pour se comprendre, il faut prendre le temps de négocier et d'opérer des traductions conceptuelles entre les jargons/langues disciplinaires :

> ❮ *Il y avait quand même un sacré moment je dirais de traduction, mais pas seulement de traduction linguistique, mais aussi de traduction conceptuelle. C'est un premier niveau, le deuxième niveau qui m'intéresse beaucoup plus, ce sont les langues disciplinaires.* ❯ (C3, Entretien)

L'esprit d'ouverture aux autres langages disciplinaires peut être considéré comme un élément fondamental pour la réussite de collaboration interdisciplinaire, même si l'on conçoit que « tout le monde n'est pas ouvert à l'interdisciplinarité » (A1, Entretien). L'esprit d'ouverture est alors souvent récompensé par le plaisir de la découverte d'une autre discipline. De nombreux chercheurs ont en effet exprimé leurs sentiments positifs catalysés dans le travail interdisciplinaire : sont évoqués « le plaisir », « la passion », « une sorte d'érotique », « l'amitié intellectuelle », etc.

> ❮ *Je pense qu'il y a une sorte d'érotique dans ce genre de projet, parce qu'il y a quelque chose de l'ordre du désir, on apprend, c'est une super machine à apprendre des choses et à dialoguer et si possible à tenter d'ajuster des versions qu'on a de la même chose et cette dimension elle est quand même assez importante je trouve, mais en tout cas pour moi c'est excitant.* ❯ (C3, Focus Group)

L'« ouverture intellectuelle » (B4, Entretien) et le plaisir de travailler ensemble permettent un « dialogue qui transcende les disciplines », en dépassant les conflits et les « désaccords intellectuels » (A3, Entretien). « On rencontre des amitiés intellectuelles qui trouvent dans le type de regard que l'on porte quelque chose d'intéressant. Et moi, je découvre des pensées que je ne connais pas, mais avec lesquelles je me sens en sympathie » (A3, Entretien). Il faut donc que « la chimie fonctionne bien » entre collègues (F6, Focus Group). Pour que la dynamique de groupe soit favorable à une bonne collaboration, il est alors préférable qu'aucun des membres ne se positionne comme membre « alpha » pensant détenir la seule vérité. « Ceci est un point de vue essentiel, … personne ne s'impose en disant que lui seul a raison, qu'il est "Alpha-Tier", autrement dit le chef. Nous nous sommes acceptés, tous… ce qui est, je pense, le facteur décisif » (F6, Focus Group).

La question des rapports de force interpersonnels dans l'équipe interdisciplinaire peut influencer les conditions collaboratives de chacun. Dans l'idéal du travail en équipe, il est important de prendre en compte les tâches et les apports de chaque membre, indépendamment de sa personnalité et sans rapports de force. Comme le rappelle D1, « l'idée serait que l'on prenne vraiment en compte chacun des membres de l'équipe interdisciplinaire et pas seulement ceux qui parlent le plus fort et qui s'imposent » (D1, Entretien). Mais en réalité, il faut reconnaître que tout le monde ne prend pas forcément la parole, ou du moins qu'il demeure certaines asymétries problématiques. Un fonctionnement trop hiérarchique dans l'équipe de recherche peut empêcher la mise en place d'une équité dans les apports individuels et disciplinaires aux réflexions communes. Le déroulement de la collaboration entre les disciplines dépend aussi fortement de la personnalité des chercheurs qui les incarnent. La représentation des disciplines dans un projet commun et la personnalité des chercheurs sont ainsi étroitement liées. En suivant D1, on pourrait même « imaginer, à la limite, que ça fausse un peu l'ensemble de la recherche, si certaines disciplines sont moins prises en compte, parce que les personnes et représentants n'ont pas, à un moment donné, osé suffisamment prendre la parole ou assez osé mettre en avant les concepts qui leur semblaient importants » (D1, Focus Group). Afin de remédier à ces éventuelles difficultés de communication, il convient de développer un sentiment d'appartenance au groupe, qui s'établit, entre autres, dans des moments d'échanges informels. Cette socialisation est susceptible de renforcer la connaissance de l'autre, le respect et la confiance mutuels : « tu dois aussi discuter autrement des compétences sociales, par exemple en allant boire un verre ou en faisant quelque chose ensemble, pour faire revivre le projet. […]. Ce sont des projets communs et il faut être motivé dès le début. Et si on en est convaincu, il faut le vouloir jusqu'au bout ! Ça ne sert à rien de perdre patience » (B8, Focus Group).

Si les valeurs, les relations interpersonnelles, ainsi que les enjeux de communication et de pouvoir jouent un rôle central dans la collaboration interdisciplinaire au sein de la communauté scientifique, ces dimensions prennent encore une nouvelle teneur lorsque la collaboration intègre des partenaires extra-académiques. Plusieurs chercheurs, dont C3 par exemple, soulignent en effet l'importance d'intégrer les praticiens et les « usagers » dans les projets de recherche qui les concernent : « Le grand défi aujourd'hui c'est d'intégrer les usagers. [...]. Je pense qu'il faudrait des manières d'intégrer, d'avoir une approche intégrative, de toujours laisser une place à l'usager » (C3, Entretien). Ces usagers s'approprient – voire contribuent à l'élaboration – des produits et des savoirs issus de la recherche. Ils occupent tantôt les rôles d'enquêtés, d'informateurs voire de véritables collaborateurs qui prennent part au processus de recherche. Dans ce dernier cas, une forme de collaboration interprofessionnelle (plutôt « *bottom-up* ») se met en place, orientée vers les besoins et les attentes des usagers et des praticiens bénéficiaires au final des résultats de la recherche. Cette approche se différencie d'une dynamique plus « *top-down* » dans laquelle des acteurs extra-académiques sont d'abord des mandataires ou des sources de financement. Il s'agit souvent d'autorités politiques et économiques (allant d'un niveau communal, cantonal à un niveau national, voire international), mais aussi d'autres collectivités publiques, des partenaires privés, des entreprises ou des organisations internationales, qui attendent de la part des chercheurs des résultats sous forme de recommandations pour améliorer les pratiques. Dans la logique « bottom-up », l'implication des praticiens ou des professionnels externes, issus de divers « corps de métiers » (A3, Entretien) et d'institutions publiques ou privées, est un enjeu particulièrement important pour le développement de la recherche :

> ❮ *Il y a aujourd'hui un gros potentiel de développement de recherche sur les pratiques. [...]. Alors peu importe la méthode, mais l'idée c'est d'utiliser finalement les compétences des praticiens pour les intégrer vraiment au dispositif de recherche.* ❯ (C3, Entretien)

Cette collaboration transdisciplinaire (au sens où elle intègre les acteurs extra-académiques dans le processus de recherche, voir Chp. 4, 4.1) vise à faire réellement participer les partenaires externes au développement des produits de la recherche. Il s'agit de « construire ensemble » :

> ❮ *Pour qu'ils soient considérés vraiment comme partenaires, et qu'on soit considérés nous aussi comme partenaires, il ne faut pas que ça se limite juste à un échange monétaire, mais bien à construire ensemble des savoirs et c'est ça qui est relativement difficile à construire.* ❯ (C4, Focus Group)

La volonté de construire ensemble demande un « effort d'adaptation » (E1, Entretien) des chercheurs aux partenaires externes et réciproquement. Il convient en effet de combler les décalages entre les attentes « spécifiques », « concrètes » et « pragmatiques » des praticiens et les apports « conceptuels », « scientifiques » ou « théoriques » des académiques, comme l'explicite bien D1 :

> ❮ *Il y a effectivement eu le décalage qu'il peut y avoir entre un niveau théorique et des préoccupations souvent très pragmatiques de la part des spécialistes de l'administration en termes d'aménagement, et donc du coup de réussir à combiner dans une recherche entre guillemets unique, ces deux aspects, à savoir ajouter un niveau de complexité en termes d'interdisciplinarité.* ❯ (D1, Focus Group)

La collaboration avec des partenaires externes requiert également des capacités de communication, de transmission, de modération, de réseautage, de traduction, mais aussi de faire des choix pour ne pas tomber dans le piège de l'idéologie du « all-participation » comme le dit F8 :

> ❮ *Alors, il faut faire attention, il existe une idéologie du « all-participation » qui dit que tout le monde doit toujours et partout participer à tout. Par contre on doit bien réfléchir au principe de subsidiarité : où peut-on, à quel niveau et dans quelle phase peut-on impliquer quelle personne ou institution, ou qui doit entrer en dialogue avec qui, etc. C'est très important. Deuxièmement, le principe selon lequel une bonne science mène automatiquement à de bons résultats dans le transfert et la communication est complètement faux. Il faut absolument des capacités professionnelles pour la communication, l'animation, dans le « facilitating » et également dans le « brokering », donc dans la transmission.* ❯ (F8, Entretien)

Notons enfin que le développement des collaborations transdisciplinaires à l'interface de la science et de la société tient peut-être aussi à une certaine transformation des attitudes des chercheurs dans la prise en considération des intérêts et des besoins des partenaires hors-champ académique. Le point de vue de C2 ouvre une intéressante piste de réflexion :

> « *Alors là, c'est beaucoup plus compliqué parce qu'évidemment, on inclut les acteurs dans la définition des questions de recherche. […]. Mais c'est une pratique dont les acteurs académiques n'ont pas toujours l'habitude. […]. En fait, ça se passe bien ! Parce que je pense qu'il y a une évolution générationnelle aussi, c'est-à-dire qu'on a affaire maintenant à des chercheurs « nouvelle génération », qui ont beaucoup plus d'intérêt pour ce genre de démarche qu'avant. […]. Ils sont dans un contexte qui est beaucoup plus turbulent et où le poids de la société civile est très visible. Le poids du politique aussi est très visible.* » (C2, Entretien)

5.3 Pratiques de collaboration : conditions de réussite et obstacles

Afin de mieux comprendre la manière dont se déroule concrètement la collaboration interdisciplinaire, nous avons interrogé les chercheurs comme suit : « Quel(s) moyen(s) pratique(s) utilisez-vous pour favoriser vos recherches interdisciplinaires ? » (Plusieurs réponses possibles), voir Fig. 5.3 :

I Planification et organisation de séances de travail collectives
II Séances de confrontation et d'intégration de différents points de vue disciplinaires
III Utilisation d'une démarche par projet
IV Utilisation d'une démarche par résolution de problèmes
V Mise en œuvre de la dynamique de groupe et du travail en équipe
VI Utilisation des nouvelles technologies d'information et de communication
VII Autres

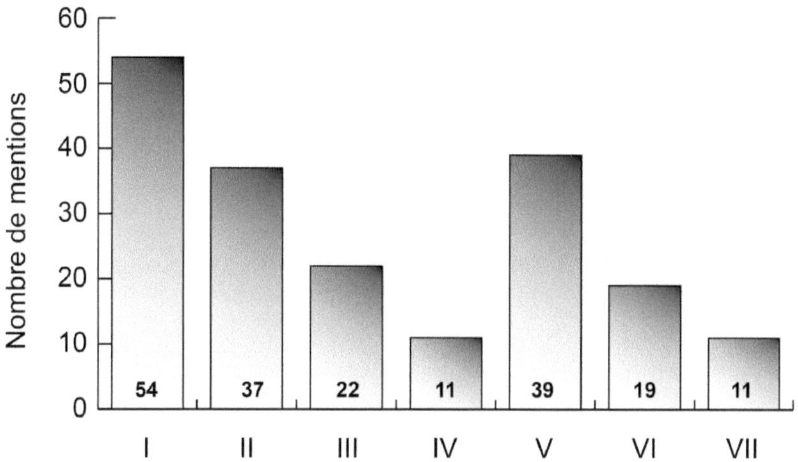

Figure 5.3 Moyens favorisant la recherche interdisciplinaire

Les moyens suivants sont mentionnés comme étant les plus fréquemment utilisés pour favoriser les recherches interdisciplinaires (voir Fig. 5.3) : 1) la planification et l'organisation de séances de travail collectives; 2) la mise en œuvre de la dynamique de groupe et du travail en équipe; 3) les séances de confrontation et d'intégration de différents points de vue disciplinaires. De manière moins marquée, les chercheurs disent également faire usage des démarches par projet et par résolution de problèmes, ainsi que des nouvelles technologies de communication. C'est le cas par exemple de G3 qui « bricole » non seulement avec des « livres », mais « beaucoup avec internet » : « ça m'arrive de passer par Twitter où il y a une foule de gens qui échangent et qui sont à disposition aussi pour répondre à des questions. Donc voilà, quand il y a une question, un doute, ça peut se diffuser en fait par là, et puis on peut recevoir des feedbacks » (G3, Entretien). Face à l'utilisation de ces nouveaux outils, plusieurs chercheurs soulignent qu'une élaboration commune de la recherche nécessite plutôt des échanges en face-à-face auxquels les technologies ne pourraient se substituer (« on ne peut pas remplacer le face-à-face. Le face-à-face prime sur le Skype, sur la conférence téléphonique, etc. » (A1, Entretien)). Comme nous l'avons montré ci-dessus (en 5.1 et 5.2), c'est l'importance de l'échange et des relations interpersonnelles in vivo qui est ici rappelée.

Les discussions menées dans les entretiens et les Focus Groups sur les expériences de collaborations interdisciplinaires permettent d'identifier quelques démarches pragmatiques :

- définir des axes thématiques de recherche communs, trouver un dénominateur commun et élaborer une problèmatique partagée par convergences réciproques;
- organiser la cohérence entre les membres du groupe, entre projets de recherche et définir les rôles de chaque membre;
- organiser la participation commune à des colloques, des séminaires;
- établir des groupes de travail ou des collaborations étroites en petits groupes;
- combiner différents types de rencontres (rencontres de doctorants, séminaires de recherche, « Stakeholder workshops », « Summerschool », etc.);
- fixer des rencontres/séances régulières de l'équipe (fréquence et durée);
- valoriser des discussions informelles (« World Café », Repas, etc.);
- faire activement circuler des articles, des réflexions, des retours sur des questionnements pour lancer des débats;
- programmer des publications et des formations communes;
- se familialiser avec des outils facilitant l'interaction à distance, pour partager des documents, des informations et pour organiser des rencontres en ligne.

Certaines pratiques individuelles et/ou collectives favorisent le dialogue interdisciplinaire et permettent l'émergence de collaborations. Les chercheurs ont été invités à se situer par rapport à ce type d'activités : « Évaluez la fréquence avec laquelle vous avez l'habitude de vous engager dans chacune des activités énumérées », voir Fig. 5.4 :

I Lire des revues ou des publications en dehors de mon champ disciplinaire
II Participer à des réunions ou des conférences en dehors de mon champ disciplinaire
III Participer à des groupes de travail ou comités dans le but d'intégrer des idées issues de différentes disciplines
IV Acquérir de nouvelles connaissances dans mon propre travail grâce à des discussions avec des collègues qui viennent de différents domaines ou disciplines
V Modifier mon propre travail ou programme de recherche à la suite de discussions avec des collègues qui viennent de différents domaines ou disciplines
VI Établir des liens avec des collègues de différentes disciplines qui ont conduit ou pourraient conduire à des collaborations futures

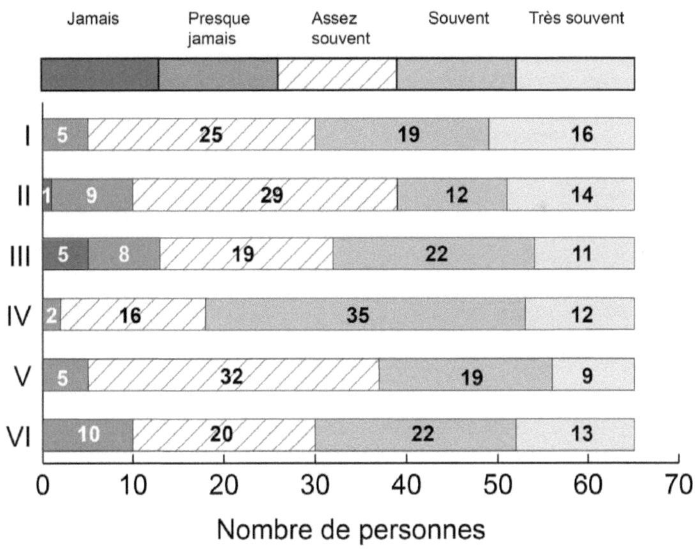

Figure 5.4 Fréquence des activités de recherche

Si l'on repère bien quelques absences ou très basses fréquences dans l'engagement dans ces activités (voir Fig. 5.4), c'est par contre assez souvent, souvent ou très souvent que les chercheurs lisent des revues ou participent à des conférences hors de leur champ disciplinaire, qu'ils sont attentifs à intégrer des idées issues d'autres disciplines, de manière à acquérir de nouvelles connaissances et d'établir de nouveaux liens susceptibles de modifier leur propre programme de recherche.

La réussite ou l'échec de la collaboration interdisciplinaire, dans laquelle « chacun va s'enrichir, mais sans se faire de l'ombre » (A2, Entretien), dépendent en partie de certaines conditions favorables ou d'obstacles qu'il faut tenter de franchir. Nous avons d'abord demandé aux chercheurs de classer par ordre d'importance les conditions estimées de réussite de la collaboration interdisciplinaire, voir Fig. 5.5 :

- I Respecter l'intégrité des disciplines
- II Mettre en oeuvre une logique de projet : un développement concerté des différentes étapes de la construction d'un projet interdisciplinaire (planification, réalisation, évaluation, etc.)
- III Comprendre et maîtriser les langages spécifiques à chaque discipline par apprentissage mutuel
- IV Avoir de solides compétences disciplinaires de référence
- V Pratiquer la dynamique de groupe pour la mise en commun des disciplines
- VI Orienter la recherche vers l'intégration entre les disciplines

	Rang 1	Rang 2	Rang 3	Rang 4	Rang 5	Rang 6
I	**18**	8	5	11	3	**20**
II	**18**	12	12	13	3	7
III	7	**21**	12	8	8	9
IV	11	8	**16**	9	**16**	5
V	7	12	6	13	**20**	7
VI	4	4	14	11	**15**	**17**

Figure 5.5 Conditions de réussite de la collaboration interdisciplinaire

Le classement des énoncés en six rangs du plus important au moins important (de 1 à 6) confirme la nécessité d'une mise en œuvre concertée d'un projet interdisciplinaire et le besoin d'une intercompréhension et d'une maîtrise entre les disciplines impliquées (voir Fig. 5.5). La collaboration interdisciplinaire exige en effet une compréhension mutuelle, « une véritable ouverture [...] et une certaine connaissance des approches et des méthodes, des limites de chacune des disciplines, de la part de l'ensemble des membres du groupe. Il faut une bonne maîtrise de sa propre discipline, mais aussi de la manière de penser des autres disciplines ». (C2, Entretien). Dans un ordre de priorité, les chercheurs estiment par contre qu'il est moins déterminant d'orienter la recherche vers l'intégration des disciplines et de pratiquer la dynamique de groupe en tant que telle. Il est également intéressant de constater que l'importance à attribuer au respect de l'intégrité des disciplines ne fait pas consensus : près d'un tiers des chercheurs affirment le respect des disciplines, alors qu'un autre tiers n'y accorde pas de priorité.

La réussite de la collaboration interdisciplinaire peut aussi être liée aux aptitudes respectives des chercheurs. Si « il y en a qui s'adaptent peut-être mieux que d'autres » (A1, Focus Group), c'est que cette faculté d'adaptation a été développée au travers de multiples expériences collaboratives. Cette aptitude est devenue une « habitude » du travail en commun, en contrepoint de la revendication absolue d'une identité disciplinaire une et indivisible. A5 le dit avec justesse :

> ❮ *Est-ce que je travaille avec quelqu'un qui non-stop va me dire « mais moi en tant que géographe, mais moi en tant qu'anthropologue » ou je travaille avec des gens qui ont aussi l'habitude de se mettre ensemble et discuter, et travailler, élaborer une recherche ensemble, et faire du terrain ensemble, et analyser les données ensemble ?* ❯ (A5, Entretien)

Lorsque l'identité du spécialiste l'emporte sur la dynamique commune, c'est l'édifice collaboratif qui est menacé, conduisant au désengagement d'autres chercheurs qui ne voient plus l'intérêt du projet. C'est le cas ici avec un groupe d'architectes :

> ❮ *Un exemple qui a eu lieu chez nous : dans notre projet, nous avons aussi bien des architectes que des urbanistes, des planificateurs paysagistes, des sociologues. […]. Nous avons toujours eu des ateliers en commun, ce qui est une idée très positive, mais les architectes n'ont toujours parlé que de bâtiments et de façades et d'autres détails […], si bien que certaines personnes sont parties parce qu'elles ont perdu l'intérêt, parce qu'elles ne comprenaient plus le sens du projet.* ❯ (B6, Entretien)

F8 insiste sur l'importance du travail en commun dans lequel chacun joue son rôle, avec ses différences et ses attentes individuelles :

> ❮ *L'important ce sont des voies communes d'enseignement, des recherches communes, des éléments de discussion communs, des publications en commun. Il y a une grande variété de formes de collaboration en commun. […]. Il ne faut pas que chacun qui travaille dans un projet interdisciplinaire travaille d'une façon interdisciplinaire. […]. C'est important que nous ne traitions pas tout le monde de la même manière, que tout le monde n'ait pas la même position. Par contre on doit prendre en compte les possibilités de carrière individuelles.* ❯ (F8, Entretien)

Toutes conditions de réussite entrent en résonnance avec leur lot d'obstacles potentiels. Nous avons alors demandé aux chercheurs de classer par ordre d'importance les éventuels obstacles à la collaboration interdisciplinaire, voir Fig. 5.6 :

I Obstacles liés aux attitudes individuelles opposées au travail entre les disciplines
II Obstacles liés au manque de moyens (ressources humaines ou financières, infrastructures, temps, etc.)
III Obstacles liés aux relations de pouvoir, de prestige ou d'hégémonie entre les disciplines
IV Obstacles liés aux difficultés de communication interpersonnelle et de dynamique de groupe entre spécialistes
V Obstacles institutionnels liés à une organisation hiérarchique
VI Obstacles liés aux risques de l'éclectisme et de la dissolution des savoirs disciplinaires

	Rang 1	Rang 2	Rang 3	Rang 4	Rang 5	Rang 6
I	**15**	**15**	13	9	9	4
II	13	9	11	12	12	8
III	**18**	**15**	8	**14**	8	2
IV	13	**18**	**15**	11	8	0
V	2	4	13	13	**23**	10
VI	4	4	5	6	5	**41**

Figure 5.6 Obstacles à la collaboration interdisciplinaire

Le classement des énoncés en six rangs du plus important au moins important (de 1 à 6) met en évidence les obstacles liés aux relations de pouvoir, de prestige ou d'hégémonie entre les disciplines (voir Fig. 5.6). Sont également soulignés les obstacles liés aux attitudes individuelles opposées au travail interdisciplinaire et aux difficultés de communication entre spécialistes. Dans ce contexte, l'influence négative des obstacles institutionnels sur la collaboration interdisciplinaire est plutôt relativisée. Enfin, l'éventuel risque de dissolution des savoirs dans et par l'interdisciplinarité ne fait visiblement pas partie des problèmes rencontrés par les chercheurs. Plus qu'aux disciplines *in abstracto*, les difficultés rencontrées semblent tenir en premier lieu aux relations de pouvoir et aux attitudes et personnalités, aux styles de pensée individuels et aux modes de fonctionnement des chercheurs seuls ou en groupe. C2 et E5 le disent par exemple : « Je n'associe pas ces difficultés aux disciplines, j'associe ceci aux personnes en fait » (C2, Entretien); « J'ai des facilités à m'entendre avec une personne qui représente une autre discipline et beaucoup plus de difficultés avec une autre personne qui représente la même discipline » (E5, Focus Group). Se confronter à ce type d'obstacles, c'est parfois effectuer un travail de Sisyphe : « Il y avait des difficultés à créer quelque chose en groupe [...]. J'avais l'impression de gravir une montagne théorique interminable avec une pierre qui avait roulé de l'autre côté, qu'il fallait remonter le jour d'après » (E5, Focus Group). Il n'y a sans doute rien d'absurde dans cet apparent châtiment du recommencement, peut-être un simple constat de la sagesse d'une tâche heureusement interminable.

Points forts

→ Les modalités de collaboration entre les chercheurs influent directement sur la co-construction des connaissances dans le processus de recherche interdisciplinaire.

→ La recherche scientifique, et spécifiquement la recherche interdisciplinaire, s'effectue principalement en équipe collaborative.

→ Deux grandes tendances dans les formes de collaboration interdisciplinaire se dégagent : une mise en commun de travaux pré-élaborés individuellement et une élaboration commune et intégrée de la recherche.

→ Il est nécessaire de développer l'interaction et l'échange serré face-à-face dans le processus de recherche interdisciplinaire.

→ Les pratiques d'échanges de compétences entre disciplines permettent un apprentissage mutuel.

- → L'intercompréhension entre collègues dépend des différents langages disciplinaires utilisés.
- → Les valeurs de confiance, d'empathie, de respect et de tolérance entre collègues issus de différentes disciplines et cultures scientifiques sont requises dans la collaboration interdisciplinaire.
- → Les rapports de force interpersonnels dans l'équipe interdisciplinaire peuvent influencer les conditions collaboratives de chacun, de même que les opprotunités de participation et de contribution aux processus de recherche.
- → La collaboration transdisciplinaire intègre des partenaires extra-académiques.
- → Les pratiques interdisciplinaires dépendent autant de conditions favorables que d'obstacles à dépasser par la collaboration.

CHAPITRE 6

Publication et évaluation de la recherche interdisciplinaire

6.1 INTERDISCIPLINARITÉ ET TYPES DE PUBLICATION

De même que pour la diffusion des résultats de la recherche disciplinaire, les chercheurs interdisciplinaires publient le fruit de leurs travaux, de manière individuelle et/ou collective. Quelles sont les possibilités, les difficultés, les avantages ou les désavantages des publications interdisciplinaires ? Comment les chercheurs se situent-ils par rapport à ce type de publication, au regard des pratiques disciplinaires et de l'indice de productivité que représentent les publications dans les activités académiques ? Pour entrer dans le vif du sujet, une série d'énoncés sur l'intérêt et les enjeux des publications interdisciplinaires ont été soumis à l'avis des chercheurs, voir Fig. 6.1.

Selon les chercheurs interrogés (voir Fig. 6.1), les publications interdisciplinaires permettent l'élaboration de nouvelles manières de produire des connaissances et de transférer de nouveaux modes de penser dans les pratiques d'enseignement. Les chercheurs sont par contre plus incertains voire plutôt en désaccord avec l'idée selon laquelle les publications interdisciplinaires représentent de plus grandes opportunités de diffusion que pour les productions purement disciplinaires. Bien que l'on observe des avis positifs, il faut également noter que les répondants sont relativement nombreux à se dire incertains ou plutôt en désaccord par rapport à l'intérêt des publications interdisciplinaires dans la communauté scientifique plus large. Cette appréciation mitigée est renouvelée au sujet de l'intérêt des publications interdisciplinaires auprès d'un public élargi et/ou des médias. Au-delà de cette première perception, le lien avec les acteurs extra-académiques et la contribution à apporter à la société civile sont fréquemment rappelés dans les entretiens et les Focus Groups. Les publications n'ont alors plus pour simple objectif de « devenir intelligent » pour soi, mais de transmettre le savoir et de le « redonner » à la société civile, comme le dit par exemple A3 :

> *Le but ce n'est pas de devenir intelligents nous […], ils ont un peu tendance à oublier que ce n'est pas le but, beaucoup de gens aiment bien devenir intelligents, le but est de redonner à la société […]. Et plus généralement, j'ai une grande obligation intellectuelle de faire des expositions, de transmettre, d'écrire, et enfin d'avoir des livres, six, sept livres qui n'ont aucune valeur académique en tant que telle, mais qui sont une manière d'exposer le savoir et la recherche.* » (A3, Entretien)

I Les publications interdisciplinaires offrent un nombre de possibilités de publication supérieur aux publications purement disciplinaires
II Les publications interdisciplinaires intéressent une communauté scientifique plus large
III Le processus de publication interdisciplinaire permet l'élaboration de nouveaux modes de production de connaissances
IV Les publications interdisciplinaires encouragent le transfert de nouvelles manières de penser dans l'enseignement
V Les publications interdisciplinaires intéressent un public plus large et/ou les médias

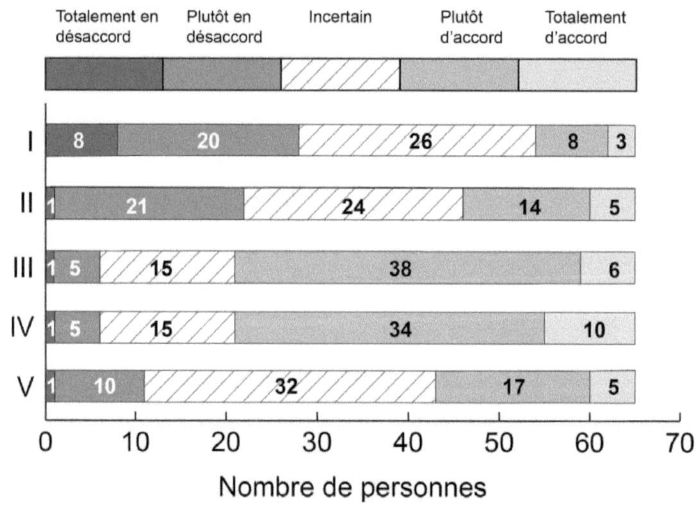

Figure 6.1 Intérêt et enjeux des publications interdisciplinaires

La question de la publication des travaux interdisciplinaires déclenche une réflexion sur leur valorisation et leur dissémination à travers une pluralité de formats académiques et non académiques. Les résultats de la recherche interdisciplinaire – tout comme ceux de la recherche disciplinaire d'ailleurs – sont susceptibles d'intéresser les acteurs extra-académiques ayant participé plus ou moins directement à leur élaboration. Afin de toucher ce public élargi, l'utilisation de différents canaux de diffusion est préférable au seul usage de la classique publication académique très répandue dans les pratiques disciplinaires, comme le met bien en lumière A1 :

> ❮ *Est-ce que justement la dissémination se fait par d'autres moyens que la publication classique qui est demandée par le monde académique ? Il y a des vidéos, il y a toutes sortes de dissémination des résultats, parce que justement si on est en train de faire une recherche interdisciplinaire, ça ne touche pas les lecteurs de tels et tels journaux disciplinaires. Ça touche un public multiple et donc on va utiliser d'autres moyens pour la dissémination.* ❯ (A1, Focus Group)

Cette diversification des moyens de publication passe certes par la production d'articles scientifiques dans des revues académiques, mais aussi par des pratiques de vulgarisation destinées aux professionnels et aux communautés de praticiens. B1 évoque par exemple la situation dans le domaine de la santé publique :

> ❮ *Il y a d'une part, les articles et les publications dans des revues dans l'idée d'accroître la connaissance et les preuves empiriques sur la relation sciences, nature et bienfaits sur la santé et d'autre part, dans l'optique de combler le fossé d'applicabilité et justement d'apporter des résultats concrets pour les professionnels, d'autres sortes de publications, des vulgarisations.* ❯ (B1, Focus Group)

En ce qui concerne plus spécifiquement les publications interdisciplinaires au sein du champ académique, il est intéressant d'identifier quels types de revues sont visés (spécialisées et/ou interdisciplinaires) et si ces revues s'ancrent plutôt dans un ou plusieurs champs scientifiques plus ou moins disciplinaires/interdisciplinaires. La question suivante permet d'éclairer ce point : « Pour la publication de vos recherches interdisciplinaires, avec quelle fréquence utilisez-vous les types de publications suivants ? », voir Fig. 6.2 :

I Revues spécialisées dans un champ scientifique défini
II Revues spécialisées et couvrant plusieurs champs scientifiques
III Revues spécialisées dans certains champs scientifiques interdisciplinaires
IV Revues interdisciplinaires couvrant largement plusieurs champs scientifiques
V Monographies

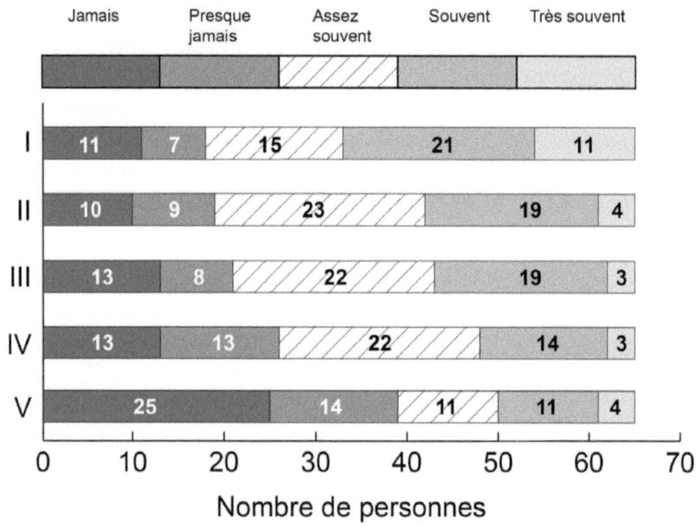

Figure 6.2 Fréquence d'utilisation des types de publications

Mis à part quelques nuances et plusieurs avis contraires (voir Fig. 6.2), la plupart des chercheurs indiquent qu'ils publient fréquemment les résultats de leurs recherches interdisciplinaires dans des revues spécialisées dans un ou plusieurs champs scientifiques disciplinaires voire interdisciplinaires. De manière un peu moins régulière, ils sont presque autant à publier dans des revues interdisciplinaires couvrant plusieurs champs scientifiques. Ils sont par contre nettement moins nombreux à publier des monographies. Cette observation vaut par exemple en psychologie sociale, comme le souligne C3 :

> « *Aujourd'hui on a évidemment une tendance à la sous-évaluation des formats traditionnels de production de résultats dans les sciences humaines et sociales, sans doute sous le coup aussi de certains secteurs de sciences humaines et sociales, comme*

> *la psychologie sociale, où on voit que les monographies sont complètement négligées.* ❯ (C3, Entretien)

Les chercheurs diffusent d'abord leurs travaux via différents types de revues qui s'échelonnent sur un gradient allant de publications plutôt spécialisées sur une thématique donnée à des publications certes toujours spécialisées mais qui touchent à des champs d'études interdisciplinaires et enfin à des publications résolument interdisciplinaires. C2 explique ainsi le choix de revues disciplinaires plus « pointues » et reconnues par rapport à des revues interdisciplinaires « non spécialisées » qui seraient moins bien classées :

> ❮ *Je dirais que, en général, c'est vrai, on vise plutôt des revues disciplinaires. C'est-à-dire que, même si on a fait un travail interdisciplinaire dans une équipe, on va se dire « bon, toi, tu es en sciences politiques, tu penses à quelle revue dans ton domaine ? » ou bien « nous, on est en sociologie, on pense à quelle revue dans notre domaine ? ». Donc on ne va pas tellement chercher des revues interdisciplinaires non spécialisées, à large diffusion, des revues qui sont moins pointues, qui ont un spectre beaucoup plus large et qui souvent ne sont pas "rankées".* ❯ (C2, Entretien)

Le choix de publier en premier lieu dans des revues disciplinaires, « pour des questions pragmatiques de public visé mais aussi de reconnaissance institutionnelle dans le champ (*impact factor*, etc.) » (C3, Questionnaire), peut aussi servir de cadre pour une stratégie de publication qui tente d'y inclure le « goût » de l'interdisciplinarité. Comme le formule en effet D10 : « Les résultats peuvent être totalement disciplinaires. D'habitude, nous essayons d'obtenir de bons résultats disciplinaires auxquels nous ajoutons le goût du travail inter- et transdisciplinaire et ensuite nous arrivons à être publiés » (D10, Focus Group). En allant plus loin que l'ajout d'une pointe d'interdisciplinarité, d'autres chercheurs s'orientent vers des revues dont la « ligne éditoriale » n'est pas « aussi figée que les autres » et où peuvent être publiés des « articles venant de tous les bords » (G3, Entretien). Ce genre de revues, souvent « disponibles uniquement en ligne », offre une « excellente plate-forme pour l'interdisciplinaire » (G3, Entretien).

6.2 « Authorship » et publications interdisciplinaires

Les pratiques de publication se concrétisent non seulement à travers le choix d'un type de publication, mais elles font aussi sens dans le contexte de stratégies auctoriales individuelles et/ou collectives. À ce titre, nous avons voulu savoir si les chercheurs publient seuls ou en groupe et dans leur discipline et/ou dans l'interdisciplinarité. La question suivante leur a été posée : « Parmi les énoncés suivants, indiquez la fréquence avec laquelle vous pratiquez différentes sortes de publications individuelles ou collectives », voir Fig. 6.3 :

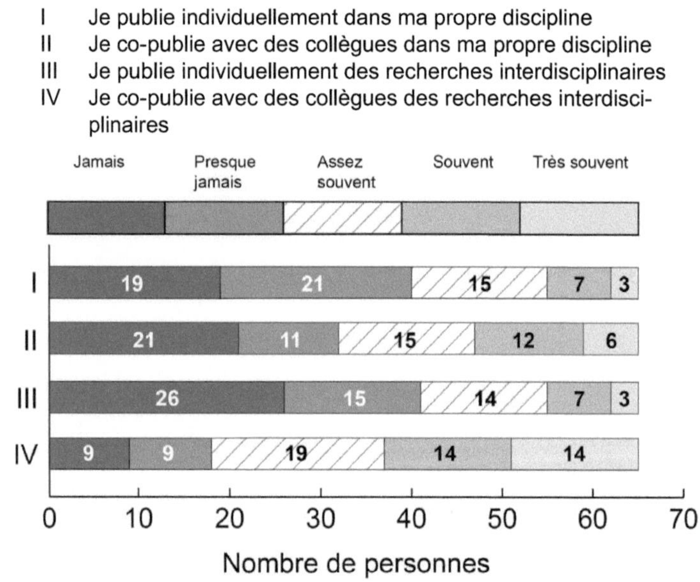

Figure 6.3 Publications individuelles/collectives, disciplinaires/interdisciplinaires

De manière générale, les stratégies de publication sont plutôt collaboratives, qu'il s'agisse de recherche disciplinaire ou interdisciplinaire. Plus de la moitié des chercheurs indiquent en effet qu'ils ne publient jamais ou presque jamais seuls dans leur propre discipline. La proportion est identique en ce qui concerne les publications interdisciplinaires, avec une prévalence plus forte de chercheurs qui n'en publient jamais individuellement. La recherche interdisciplinaire implique un renforcement des pratiques de publication collaboratives, portant à plus de deux tiers les chercheurs qui disent co-publier leurs travaux interdisciplinaires. Si les co-publications interdisciplinaires sont plus fréquentes, les styles individuel et collectif peuvent toutefois très bien cohabiter, comme pour B5 : « Je fais les deux. Pendant assez longtemps, j'ai surtout publié en groupe, parce que c'était surtout des publications qui émanaient de recherches en équipe » (B5, Entretien). Notons que les enjeux des publications collectives se différencient selon les cultures scientifiques et qu'ils mettent souvent en relief des questions de positionnements réciproques entre des chercheurs d'horizons disciplinaires différents. Se pose également la problématique de l'ordre d'apparition des noms des co-auteurs, ainsi que des relations d'autorité, de prestige, de reconnaissance voire de concurrence eu égard aux valorisations et aux évaluations individuelles des plans de carrières des chercheurs. Cette question de l'« *authorship* », abordée de manière plus ou moins explicite entre collègues, devrait permettre de clarifier la « division du travail scientifique » (C3, Focus Group) et sa juste valorisation aux yeux de chacun et du groupe. En contexte institutionnel et interindividuel peu concurrentiel et transparent, les tensions autour des travaux de publication sont plutôt faibles. C2 en témoigne :

> ❮ *Pas tellement de conflits, il y a juste une fois où on a eu une discussion sur l'« authorship » je crois en 10 ans, mais c'est tout. Autrement, il n'y a pas de problème. C'est très fluide. Mais c'est aussi parce qu'on est dans un cadre institutionnel où il n'y a pas de concurrence entre les gens, entre nous. On a tous des positions, on a tous des postes. Donc, une publication de plus ou de moins, c'est bien, mais ce n'est pas dramatique ! Alors, s'il y a des jeunes chercheurs dans l'équipe, on va les mettre en avant, on va les mettre en premier auteur.* ❯ (C2, Entretien)

Quoi qu'il en soit, un processus de publication interdisciplinaire ne va pas sans « petites frictions » (D1, Entretien) théoriques, épistémologiques ou méthodologiques entre les disciplines et/ou les chercheurs impliqués. Ces frictions sont perçues comme des « contraintes très positives » (D1, Entretien), normales et valorisées en tant que telles dans le travail de publication. Il s'agit de « se mettre d'accord », sans « se taper dessus » et ceci même si « certains ont écrit plus que d'autres, des choses plus ou moins pertinentes par rapport à la production d'ensemble » (D1, Entretien). Lorsque le travail d'écriture va au-delà d'une simple juxtaposition de contributions individuelles ou d'ajouts partiels d'éléments textuels dans une contribution essentiellement réalisée par un auteur principal, il donne alors lieu à un véritable processus de co-élaboration dès le début de la publication. À ce propos, B4 (un philosophe) rapporte son expérience de co-écriture avec une juriste, soit un « travail de compréhension mutuelle » (B4, Entretien) : « Donc, c'est ce qu'on a fait dans ce livre. C'était une bonne douzaine de réunions au moins de 3-4 heures chaque fois où effectivement chacun écrit un bout et puis après on retravaille, mais vraiment mot à mot dans le texte. L'avantage c'est que là, il y avait une juriste qui pouvait adapter, rendre plus concret mon vocabulaire philosophique » (B4, Entretien). Comme le dit également C2, ce travail de compréhension mutuelle dans le texte est « très intéressant, parce que l'on s'enrichit les uns les autres mutuellement » (C2, Entretien). « En écrivant ensemble des publications interdisciplinaires dans différentes revues disciplinaires », les chercheurs peuvent se référer aux « sources canoniques » des disciplines concernées, tout en adaptant la « couleur de la publication » à la revue et au public visés (C2, Entretien).

6.3 Publier en interdisciplinarité : opportunités et difficultés

Publier les résultats de la recherche interdisciplinaire n'est pas un long fleuve tranquille. Il existe certes de réelles possibilités de publication, mais il existe tout autant de complications, le plus souvent liées au régime de production disciplinaire qui demeure dominant dans le monde académique. Nous avons initié la discussion à ce sujet en posant la question suivante aux chercheurs : « Rencontrez-vous des difficultés à publier les résultats de vos recherches interdisciplinaires ? », voir Fig. 6.4 :

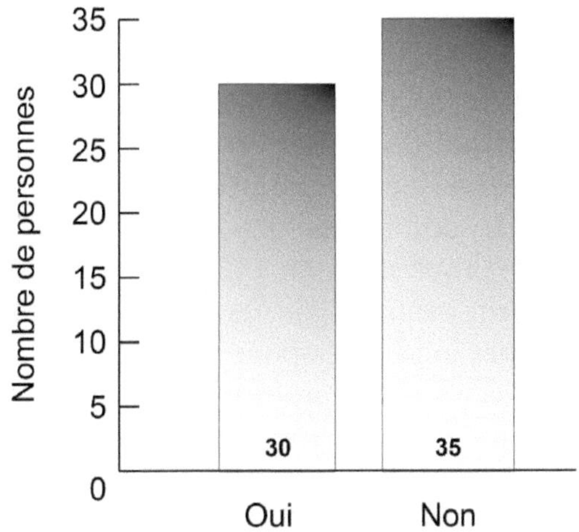

Figure 6.4 Difficultés à publier des recherches interdisciplinaires

Avec un certain équilibre dans les réponses, 54 % des chercheurs (35 sur 65) affirment qu'ils ne rencontrent pas de difficultés à publier les résultats de leurs recherches interdisciplinaires, alors que 46% (30 sur 65) indiquent faire face à des difficultés. L'équilibrage entre le Oui et le Non témoigne peut-être d'une perception globale selon laquelle il n'y a pas d'obstacle fondamental à la publication de travaux interdisciplinaires, sans en faire non plus une plus-value scientifique absolue : « cela ne me semble pas un obstacle, mais pas non plus un facteur qui, pour l'instant, a permis des publications de meilleur niveau, globalement » (D3, Questionnaire). Pour une grande part des chercheurs, comme J10 par exemple, il semble que les éventuelles difficultés de publication ne sont pas « liées à l'interdisciplinarité de la recherche mais plutôt aux priorités des revues scientifiques qui sont généralement disciplinaires » (J10, Questionnaire). Dans le même temps, l'augmentation de revues thématiques pluridisciplinaires offre de nouvelles opportunités de publication. C'est entre autres le cas dans le domaine des études des migrations : « Le domaine des migrations est un domaine interdisciplinaire en soi et il existe suffisamment de canaux de publication thématiques et non pas disciplinaires » (B5, Questionnaire).

Comme mentionné ci-dessus, le principal frein à la publication des recherches interdisciplinaires demeure le privilège qui semble être donné à l'« ancrage disciplinaire » (D2, Entretien), y compris dans le monde de la publication scientifique. C'est aussi l'avis de B3 : « L'interdisciplinarité se retrouve encore souvent confrontée à des comités de lecture assez dogmatiques, qui ne comprennent pas forcément l'intérêt de sortir du champ disciplinaire proprement dit » (B3, Questionnaire). Ce relatif désintérêt est également conforté par des logiques d'évaluation disciplinaire, en elles-mêmes inadaptées pour prendre la mesure du travail interdisciplinaire : « ça rejoint la problématique du *peer review*, c'est-à-dire de savoir qui sont les *peers* dans une recherche interdisciplinaire, parce que on aura là encore des experts disciplinaires qui évaluent une recherche interdisciplinaire » (F2, Focus Group). Si le *peer review* « se tient souvent dans une perspective disciplinaire », c'est aussi parce que les évaluateurs en général sont peu familiers avec les critères d'évaluation interdisciplinaires » (E9, Questionnaire). Selon B8, il est visiblement difficile de « trouver des *reviewers* qui se sentent concernés et capables » (B8, Focus Group). Le témoignage de B7 va dans le même sens, en montrant que les évaluateurs n'ont tout simplement pas saisi ce qui fait l'originalité essentielle de la transdisciplinarité :

> ❮ *On m'a refusé un texte dans lequel j'ai marié une perspective biologique avec une perspective psychologique. Le "reviewer" a écrit que l'argument A n'avait rien à voir avec B… Ma réaction a été que c'est parce qu'il n'y avait pas encore pensé. Mais c'est ce qui est au centre de la transdisciplinarité, on tente de trouver des points communs à deux domaines différents. C'est un point difficile à faire passer auprès de ce type de "reviewers", même si l'on obtient des résultats signifiants. Mais la plupart d'entre eux ont toujours une vision étroite de la science et ils ne s'orientent que par rapport aux paradigmes de leur propre domaine, dans lequel ils font leur recherche et résolvent leurs problèmes, mais dès qu'ils sont confrontés à des paradigmes d'autres domaines, ils sont suffisamment nombreux pour dire qu'une chose n'a rien à voir avec l'autre.* ❯ (B7, Entretien)

6.4 Évaluation de la recherche interdisciplinaire

L'évaluation de la recherche interdisciplinaire est un point nodal des discussions sur la nature de l'interdisciplinarité. Elle permet de questionner sa plus-value mais aussi ses limites, ainsi que sa reconnaissance auprès des chercheurs eux-mêmes évaluateurs, des organismes de financement de la recherche et des institutions universitaires. Afin d'activer le point de vue des chercheurs, la question suivante leur a été posée : « Êtes-vous satisfait de la manière dont vos projets de recherche interdisciplinaire sont évalués par des organismes de financement de la recherche ou d'autres structures avec avis de pairs ou groupes d'experts ? (Une seule réponse possible) », voir Fig. 6.5 :

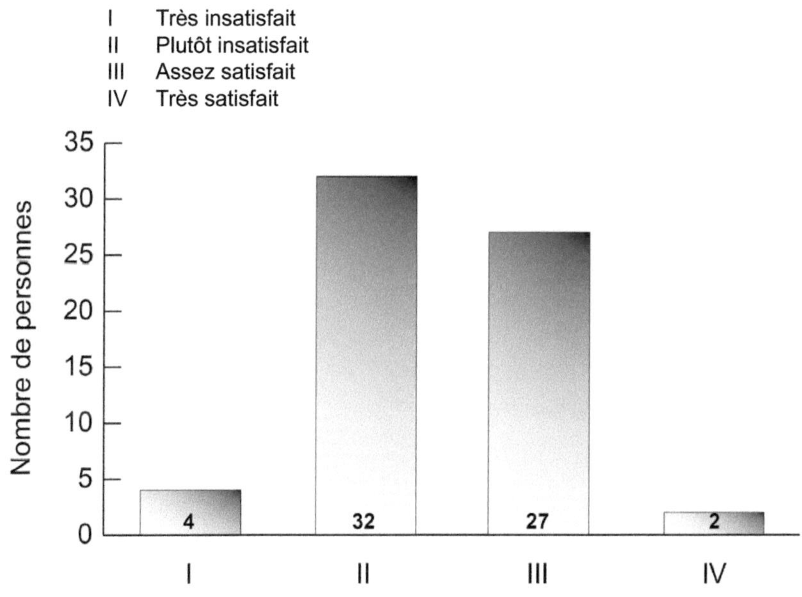

Figure 6.5 Degrés de satisfaction par rapport à l'évaluation des projets interdisciplinaires

Les avis des chercheurs sur la manière dont leurs recherches interdisciplinaires sont évaluées sont ambivalents (voir Fig. 6.5) : les sentiments de relative satisfaction ou insatisfaction sont en effet globalement partagés, entre une satisfaction partielle (« assez satisfait » pour 27 chercheurs sur 65) et une tendance plus marquée à l'insatisfaction (« plutôt insatisfait », 32 chercheurs sur 65). Le sentiment de satisfaction a été très peu commenté par les chercheurs, si ce n'est via quelques témoignages positifs principalement en lien avec l'obtention d'un financement pour une recherche interdisciplinaire. Ils sont par contre nombreux à avoir décrit leur sentiment d'insatisfaction, assez massivement exprimé à l'encontre des organismes de financement de la recherche. Comme le dit A3, à première vue l'« évaluation c'est compliqué », « très dur » et « de toute façon aléatoire » et « tout le monde va vous dire que l'on se fait toujours très mal évaluer quand on fait de l'interdisciplinarité » (A3, Entretien).

Plus spécifiquement et en phase avec le constat fait ci-dessus à propos des publications interdisciplinaires (voir 6.3), les chercheurs relèvent la persistance qui consiste à évaluer de manière strictement disciplinaire et conservatrice des recherches qui se situent par principe entre et au-delà des frontières disciplinaires. « Le schéma d'encouragement de la recherche se base sur l'ancien schéma de la recherche disciplinaire » (A8, Focus Group). Le système d'évaluation renforce ainsi la recherche « *mainstream* » au détriment de la « prise de risque » interdisciplinaire (C3, Entretien). Le verdict de C3 est assez cinglant :

> ❮ *Alors pour moi, ce n'est pas un problème éthique, c'est un problème politique. C'est une difficulté, pourquoi ? Parce qu'on surestime la valeur des résultats « mainstream » et moi, je dois dire que je suis très cynique, parce que je pense qu'à peu près 80% des résultats ne servent à rien ! Ils ne servent qu'à faire tourner la machine de la recherche. Donc, on surestime la valeur des résultats « mainstream » […]. Par contre, on sous-estime alors le potentiel des résultats au niveau de la prise de risque. Et là, je pense qu'il y a effectivement un vrai problème.* ❯ (C3, Entretien)

Notons que le poids accordé aux carrières académiques disciplinaires demeure un frein important à la valorisation de la prise de risque hors de sa discipline. De l'avis de F3 par exemple, il s'agit bien aujourd'hui encore de « générer des gens qui sont bons dans leur domaine, mais avec un potentiel collaboratif très très bon aussi », mais sans pour autant faire « courir quand même des risques à des gens, qui ont un peu touché à tout et qui à la fin n'arrivent pas à s'inscrire dans des carrières durables » (F3, Focus Group).

Les experts disciplinaires évaluent le plus souvent un projet interdisciplinaire en le découpant en sous-parties et en y projetant leur propre point de vue cloisonné. Ils s'empêchent par là même de comprendre d'autres points de vue dans la mesure où ceux-ci n'entrent pas dans leur champ de vision. Il y a là un « défaut fondamental » au sens de A7 :

> ❮ *Vous ne trouvez pratiquement aucun expert qui expertise votre projet d'une manière interdisciplinaire. Dans neuf sur dix évaluations, l'expert ne s'exprime que sur la partie qu'il comprend. Et ce serait le rôle de la commission de mettre ensemble ces parties, mais il y a malheureusement des positions ultra conservatrices. Les gens regardent le CV du candidat, l'index de Hirsch, les « papers » etc. et ils disent ensuite « mais il n'a jamais travaillé dans le domaine ». [...]. Je pense que beaucoup de bons projets interdisciplinaires y échouent, parce que l'on n'a pas encore trouvé le bon instrument d'examination. J'espère que ça s'améliore un jour.* ❯ (A7, Entretien)

Trouver le « bon instrument d'examination » passera sans doute par un dépassement des positions disciplinaires conservatrices, par une discussion sur les critères d'évaluation et par une sensibilisation suivie d'une formation des évaluateurs à l'interdisciplinarité. En ce qui concerne les critères d'évaluation, nous avons posé la question suivante aux chercheurs : « Sur la base de vos expériences, les critères d'évaluation utilisés pour la recherche interdisciplinaire vous paraissent-ils adéquats ? » (Une seule réponse possible), voir Fig. 6.6 :

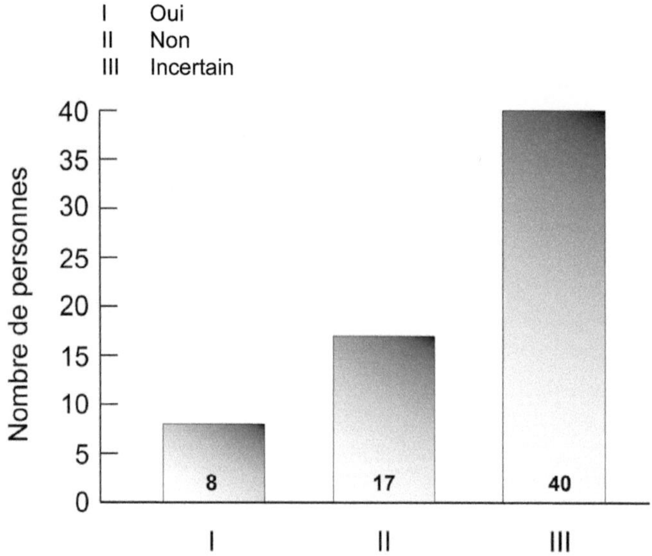

Figure 6.6 Adéquation des critères d'évaluation à la recherche interdisciplinaire

La grande majorité des chercheurs (40 sur 65) avoue son incertitude quant à l'adéquation/inadéquation des critères d'évaluation de la recherche interdisciplinaire (voir Fig. 6.6). Cet aveu révèle sans doute une méconnaissance involontaire desdits critères dans la mesure où ils sont encore rarement discutés et explicités tant au sein des organes de financement que de la part des évaluateurs. De même que pour les chercheurs plutôt satisfaits de l'évaluation de leurs projets (voir Fig. 6.5), les quelques chercheurs qui estiment que les critères d'évaluation sont adéquats sont peu à même de commenter leur choix. Pour presque un tiers des chercheurs, les critères d'évaluation sont inadéquats. Le manque de prise en compte de l'interdisciplinarité en tant que telle est à nouveau mis en évidence par les chercheurs. Malgré des expertises disciplinaires certes « très fondées » sous des « angles clairs » (A2, Focus Group), « il n'y en avait pas un seul qui a pu évaluer l'ensemble d'un point de vue interdisciplinaire » (A2, Focus Group). Comme le confirme C5, « les critères mettent trop en avant les aspects multidisciplinaires (collaboration entre compétences) » au détriment des « aspects "méta" de création de nouvelles connaissances intégrées » (C5, Questionnaire).

La volonté d'appliquer des critères disciplinaires dans l'évaluation de l'interdisciplinarité révèle un manque de reconnaissance de sa spécificité en tant que processus de recherche à part entière. Si l'on reconnaît au contraire cette spécificité, il convient alors de s'interroger sur le besoin de critères d'évaluation non strictement disciplinaires et adaptés. Cette question a été posée aux chercheurs : « Pensez-vous que les projets interdisciplinaires nécessitent des critères d'évaluation spécifiques, différents de ceux utilisés dans les évaluations disciplinaires ? » (Une seule réponse possible), voir Fig. 6.7:

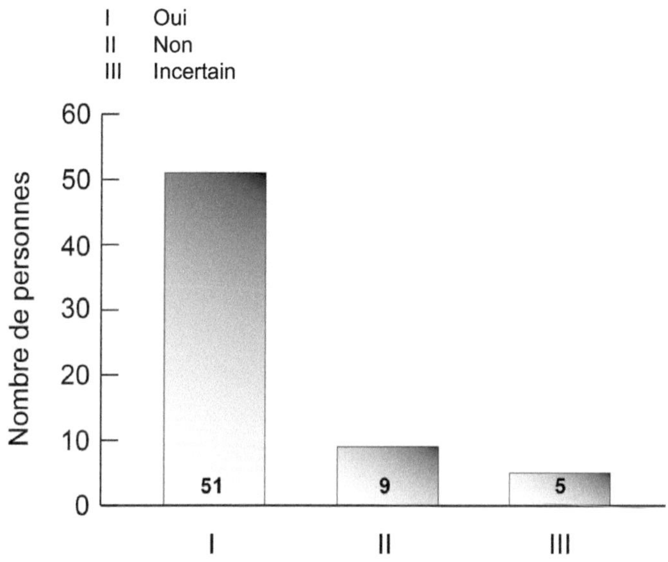

Figure 6.7 Nécessité de critères d'évaluation spécifiques pour l'interdisciplinarité

À l'incertitude constatée précédemment par rapport à l'adéquation des critères d'évaluation (voir Fig. 6.6) fait place la certitude de la nécessité de disposer de critères d'évaluation spécifiques à la recherche interdisciplinaire (51 sur 65 chercheurs, Fig. 6.7). Ils sont finalement peu nombreux à se dire incertains ou à s'opposer à cette nécessité. Il conviendrait désormais, comme le souligne C3, de prendre en compte des critères d'« évaluation de la plus-value de la collaboration interdisciplinaire et celle du potentiel plus général d'innovation collaborative. Ceci permettrait d'évaluer non seulement les méthodes et les résultats escomptés mais aussi la dynamique plus large des projets qui peuvent constituer de réelles innovations dans les démarches proposées » (C3, Questionnaire). Cette conception innovante et non balisée d'avance du processus de recherche, B10 la définit comme une approche « agnostique », fondée sur une démarche sans hypothèse préalablement formulée :

> « *Par exemple une fois on m'a refusé un projet, dans lequel j'aurais eu besoin d'une puce pour des analyses génotypiques, avec comme motif que je n'ai pas proposé d'hypothèse convaincante. Mais c'est pourtant cela l'avantage de la recherche actuelle, que l'on peut rechercher d'une manière agnostique, c'est-à-dire que la recherche sans hypothèse ouvre de nouvelles possibilités. J'avais contextualisé cela dans le projet global et expliqué ce que cela signifie pour la recherche au sujet de l'impact de la pollution de l'air, mais ils ont quand même insisté sur le besoin d'une hypothèse précise. Mais j'ai la conviction profonde que cela n'a vraiment pas de sens. Nous avons une vision agnostique, non ? Il doit certainement y avoir des aspects qui ont un lien avec l'interdisciplinarité, mais on demande toujours une hypothèse, une réponse à une question très précise.* » (B10, Entretien)

Avec la même attention portée à l'innovation, A7 rapport cette expérience d'évaluation de projets interdisciplinaires, menée au sein d'une Fondation privée qui rend visiblement possible un fonctionnement moins conventionnel :

> « *La [nom de la fondation] reçoit par exemple 100 projets. Chaque projet est considéré deux fois, c'est-à-dire que chaque expert du jury doit lire environ 25 candidatures de projets. Les projets ont une description maximale de trois pages. Ils ne contiennent aucun nom, aucun CV… rien, que le projet, trois pages et c'est tout. Chaque membre du jury peut choisir trois projets et peut les défendre de manière délibérative devant la commission. Aucune expertise n'est écrite, rien. Et ensuite la commission décide si un ou tous les trois projets sont retenus. Chacun des membres du jury a un joker, avec lequel il peut imposer un projet contre tous les autres. S'il décide d'utiliser ce joker, la [nom de la fondation] financera le projet. Durant les deux jours, personne n'a utilisé son joker. Nous avons carrément discuté de tous les*

projets, un à un. Et cela a été une invitation à envoyer des projets non conventionnels. Et il y avait des projets dont je n'avais jamais entendu parler. Dans un projet on parlait de faire de la céramique flexible qu'on pourrait d'une certaine manière pétrir et séparer de nouveau avec les propriétés de la céramique. [...]. C'était absolument fascinant et nous avons décidé : « ils devraient essayer ça ! ». J'y vois un énorme potentiel si on ne parle pas de la personne, mais de la chose au centre de la recherche. ❯ (A7, Entretien)

Les chercheurs, individuellement ou en groupe, ont certes insisté sur le besoin de critères spécifiques à la recherche interdisciplinaire, mais ils ont également invoqué une vision ouverte et flexible pour un processus d'évaluation ni universalisant, ni déterministe, ni cristallisant. Parmi les critères d'évaluation estimés importants, signalons : la plus-value de l'interdisciplinarité; la faisabilité; l'innovation théorique et méthodologique; les résultats inattendus; la prise de risque; l'impact social, culturel et politique; la complexité (problématiques et thématiques); la pluralité de points de vue; l'articulation entre les disciplines; l'intégration des disciplines; le contenu de la recherche (plutôt que le CV des chercheurs); la collaboration; la qualité et non la seule quantité des outputs.

Au-delà de la formulation d'une liste de critères d'évaluation spécifiques, rappelons que l'essentiel réside peut-être dans le courage des chercheurs et des institutions de reconnaître, de soutenir et de promouvoir la « capacité d'accepter les franchissements des champs disciplinaires » (A4, Questionnaire) dans et par l'interdisciplinarité. Ces paroles de chercheurs serviront de mot de la fin : « Seul la qualité scientifique compte » (A3, Questionnaire) et « c'est naturellement le rôle de la science d'examiner quelque chose de nouveau, de sonder de nouveaux territoires » (D7, Focus Group).

Points forts

→ Les publications interdisciplinaires permettent d'élaborer de nouvelles manières de produire des connaissances et de transférer de nouveaux modes de penser dans les pratiques d'enseignement.

→ La prise en compte des acteurs extra-académiques et de la société civile est importante dans les stratégies de publication interdisciplinaire.

→ Les chercheurs publient les résultats de leurs recherches interdisciplinaires dans des revues spécialisées dans un ou plusieurs champs scientifiques disciplinaires voire interdisciplinaires. Ils publient aussi dans des revues interdisciplinaires couvrant plusieurs champs scientifiques.

→ Les chercheurs indiquent qu'ils ne publient jamais ou presque jamais seuls dans leur propre discipline.

→ Les résultats de la recherche interdisciplinaire sont en principe publiés de manière collective.

→ Un processus de publication interdisciplinaire ne va pas sans de petites frictions théoriques, épistémologiques ou méthodologiques entre les disciplines et/ou les chercheurs impliqués. Ces frictions sont perçues comme des contraintes positives.

→ Les difficultés de publication ne sont pas liées à l'interdisciplinarité en tant que telle, mais aux modalités d'évaluation qui demeurent disciplinaires.

→ Les chercheurs ont un sentiment d'insatisfaction par rapport à l'évaluation de leurs recherches interdisciplinaires.

- → Les chercheurs relèvent la persistance qui consiste à évaluer de manière strictement disciplinaire et conservatrice des recherches qui se situent par principe entre et au-delà des disciplines.
- → Il est nécessaire de disposer de critères d'évaluation spécifiques à la recherche interdisciplinaire, sans pour autant établir un dispositif universel et figé. Il faut garder une vision ouverte et flexible du processus d'évaluation.

Références bibliographiques

Bennett, S., Maton, K., & Kervin, L. (2008). The "digital natives" debate: A critical review of the evidence. *British Journal of Educational Technology*, *39*(5), 775-786.

Bourdieu, P. (1984). *Homo Academicus*. Paris : Les Éditions de Minuit.

Bowden, G. (1995). Coming of age in STS: Some methodological musings. In S. Jasanoff, G. Markle, J. Petersen, & T. Pinch (Eds.), *Handbook of science and technology studies, revised edition*. Thousand Oaks, CA: Sage Publications, 64-80.

Bühlera, È.A., Cavaillé, F., & Gambino, M. (2006). Le jeune chercheur et l'interdisciplinarité en sciences sociales. *Natures Sciences Sociétés*, *14*(4), 392-398.

Catellin, S., & Loty, L. (2013). Sérendipité et indisciplinarité. *Hermès, La Revue*, *3*, 32-40.

Cheveigné, S. de. (2003). Récit d'une traversée. Parcours scientifiques et pratiques disciplinaires. *Questions de Communication*, *3*, 45-54.

Creswell, J.W. & Plano Clark, V.L. (2007). *Designing and conducting mixed methods research*. Thousand Oaks: Sage Publications.

Darbellay, F. (2014). Où vont les Studies ? Interdisciplinarité, transformation disciplinaire et pensée dialogique. *Questions de communication*, *25*, 173-186.

Darbellay, F. (2005). *Interdisciplinarité et transdisciplinarité en Analyse des Discours. Complexité des textes, intertextualité et transtextualité*. Genève : Éditions Slatkine.

Darbellay, F. (Éd.) (2012). *La circulation des savoirs : interdisciplinarité, concepts nomades, analogies, métaphores*. Berne : Peter Lang.

Darbellay, F. & Paulsen, T. (Éds.) (2008). *Le défi de l'Inter- et Transdisciplinarité. Concepts, méthodes et pratiques innovantes dans l'enseignement et la recherche. Herausforderung Inter- und Transdisziplinarität. Konzepte, Methoden und innovative Umsetzung in Lehre und Forschung*. Lausanne: Presses Polytechniques Universitaires Romandes.

Darbellay, F. & Paulsen, T. (Éds.) (2011). *Au miroir des disciplines : Réflexions sur les pratiques d'enseignement et de recherche inter- et transdisciplinaires. Im Spiegel der Disziplinen. Gedanken über inter- und transdisziplinäre Forschungs und Lehrpraktiken.* Berne : Peter Lang.

De Sardan, J.-P.O. (1995). La politique du terrain. Sur la production des données en anthropologie. *Enquête. Archives de La Revue Enquête*, 71-109.

Eisenhardt, K.M. (1989). Building theories from case study research. *Academy of Management Review, 14*(4), 532-550.

Frodeman, R., Thompson Klein, J., Mitcham, C. (Eds.) (2010). *The Oxford Handbook of Interdisciplinarity*. Oxford: Oxford University Press.

Gagnon, Y.-C. (2005). *L'étude de cas comme méthode de recherche: guide de réalisation*. Québec : Presses de l'Université du Québec.

Geertz, C. & Mary, A. (1998). La description dense : vers une théorie interprétative de la culture. *Enquête, Anthropologie, Histoire, Sociologie, 6*, 73-105.

Hargittai, E. (2010). Digital na (t)ives? Variation in internet skills and uses among members of the "net generation". *Sociological Inquiry, 80*(1), 92-113.

Hirsch Hadorn, G., Hoffmann-Riem, H., Biber-Klemm, S., Grossenbacher- Mansuy, W., Joye, D., Pohl, C., Wiesmann, U., Zemp, E. (Eds.) (2008). *Handbook of Transdisciplinary Research*. Berlin: Springer Verlag.

Huutoniemi, K., Thompson Klein, J., Bruunc, H., Hukkinena, J. (2010). Analyzing interdisciplinarity: Typology and indicators. *Research Policy, 39*, 79-88.

Jones, C., Ramanau, R., Cross, S., & Healing, G. (2010). Net generation or digital natives: is there a distinct new generation entering university? *Computers & Education, 54*(3), 722-732.

Legay, J.-M. (1986). Quelques réflexions à propos d'écologie: défense de l'indisciplinarité. *Acta Oecologica. Oecologia Generalis, 7*(4), 391-398.

Loty, L. (2005). Pour l'indisciplinarité. In J. Douthwaite & M. Vidal (Eds.), *The Interdisciplinary Century; Tensions and convergences in 18th-century Art, History and Literature*. Oxford: Studies on Voltaire and the Eighteenth Century. Voltaire Foundation, 245-259.

Passeron, J.-C. & Revel, J. (Éds.) (2005). *Penser par cas*. Paris : Éditions EHESS.

Perrig-Chiello, P. & Darbellay, F. (Éds.) (2002). Qu'est-ce que l'interdisciplinarité ? Lausanne : Éditions Réalités Sociales.

Piaget, J. (1972). Épistémologie des relations interdisciplinaire. In OCDE, *L'interdisciplinarité : problèmes d'enseignement et de recherche dans les universités*. Paris: OCDE, 131-144.

Sedooka, A., Steffen, G., Paulsen, T. & Darbellay, F. (2015). Paradoxe identitaire et interdisciplinarité : un regard sur les identités disciplinaires des chercheurs. *Natures Sciences Sociétés*, *23*(4), 367-377.

Smeltzer, L.R. & Zener, M.F. (1992). Development of a model for announcing major layoffs. *Group & Organization Management*, *17*(4), 446-472.

Stake, R. E. (1995). *The art of case study research*. Thousand Oaks, CA: Sage Publications.

Steffen, G., Sedooka, A., Paulsen, T., & Darbellay, F. (2015). Pratiques langagières et plurilinguisme dans la recherche interdisciplinaire: d'une perspective mono à une perspective pluri. *Questions de Communication*, *27*, 323-352.

Stengers, I. (Éd.) (1987). *D'une science à l'autre : Des concepts nomades*. Paris : Seuil.

Tashakkori, A. & Teddlie, C. (2003). *Handbook of mixed methods in social & behavioral research*. Thousand Oaks, CA: Sage Publications.

Thompson Klein, J. (1990). *Interdisciplinarity. History, Theory, and Practice*. Detroit: Wayne State University Press.

Viau, R. (2007). *La motivation dans la création scientifique*. Québec : Presses de l'Université du Québec.

Yin, R.K. (1994). *Case Study Research: Design and Methods*. London: Sage Publications.